日台関係研究会叢書 11

中台関係の展開と「一つの中国」

浅野和生 編著

展転社

序文

本書は、日台関係研究会叢書11として出版される。本会は、平成七（一九九五）年六月に創立され、爾来二十九年が経過した。叢書は、本会の活動の成果として世に問うものであり、平成二十六（二〇一四）年から毎年出版している。今回も、浅野和生本会事務局長（平成国際大学副学長）の企画・編集のもと、問題意識を同じくする本会関係者が執筆した。

一九七二年九月、今から五十二年前、日本と台湾との間にあった公式の外交関係が断絶した。いわゆる日中国交正常化の結果である。日本国内はパンダ・ブームに象徴されるように朝野を挙げて日中友好ムードが演出された。

日中国交正常化は、日台間に一時期、険悪なムードをもたらした。国交断絶とは現実の国家間の厳しい対立を象徴する言葉だ。しかしながら、営々と築かれてきた両国を結ぶ絆は絶たれることはなかった。それは日台の「非政府間の実務関係」という冷めた響きにとどまらず、年を追って深化して「緊密な経済関係と人的往来を有する重要なパートナー」という暖かい関係が醸成された。まさしく「国交」を超える絆が構築されてきた。国と国との正式な外交関係を欠く不正常な状態が続いていても、自由と民主主義の価値観を共有する両国を繋ぐ糸は益々太さを増し、経済関係の連携も強固なものとなってきた。台湾は中国の一地域にあらず、というのが我々の認識だ。

近年、日本も台湾も大規模な災害に見舞われている。そのたびに互いに支援の手を差し伸べ合う友情に溢れた関係だ。先年の東日本大震災という未曾有の災害に際して、台湾の人びとから物心両面の際立った支援をいただいたことは、日本人の記憶に鮮明だ。

二〇二〇年から世界は新型コロナ・ウィルスの猛威に襲われ、夥しい数の罹患者を生み、いたるところで生産、物流、人的交流などの様々な活動が制限されたが、日台間の友情はいささかも揺るがなかった。マスクが不足した日本に、またワクチンが不足した台湾に、相互に必要なものを融通しあったのも一例だ。両国民が互いに抱く好感度も極めて高い。自然の発露として、よき隣国関係の末永い発展が望まれていると思う。

現在、台湾では安定した自由と民主主義の体制が敷かれている。一方、海峡を挟んだ権威主義大国中国は、台湾統一を核心的利益とし、その実現のため武力行使の意図も準備も隠さない。中国の台湾侵攻はそれほど先ではないとする識者もいる。中国の現実的な脅威を前に、米国は台湾との一層の関係強化を進め、日本は米国とともにオーストラリア、インドを加えて「自由で開かれたインド太平洋構想」で対抗しようとしている。欧州でも、台湾の自由と民主主義を評価して、台湾との交流活動を活発化させる動きがある。

しかし、懸念される最悪の事態が現実になれば、その衝撃は計り知れない。日本にとっても、台湾有事は日本の有事に直結する。日本と台湾は運命共同体なのだ。非常時にパートナーの危機を傍観すれば、たちまち絆は断ち切られる。日台の絆が深まる一方で、台湾の危機にパートナーとしてどう現実に対応できるのか、日本に突きつけられる課題は重大だ。

本書は、「中台関係の展開と『一つの中国』」をテーマとしている。「中台関係」は本会叢書としてはじめて正面から扱うものだ。周知のように、「台湾は中国の一部である」と主張する中国の軍事的圧力は露骨だ。中台が干戈を交える台湾有事も憂慮される。多くの日本人も中台関係の厳しい現実は承知しているだろうが、本当は中台関係がわかりにくいのも事実だろう。なぜそうなったのか、またどのような経緯を辿ってきたのか、叢書11はこうした問題意識から、改めて中国と台湾の関係を基礎から振り返ろうとするものだ。併せて、中台関係の幾重もの変遷を経て、台湾の人々に確実に台湾アイデンティティが育ってきた事実を紹介する。

第一章「戦後の中台関係史――蔣介石から蔡英文まで――」（渡邉耕治）は、第二次大戦後、中国が中華民国と中華人民共和国の二つに分裂し台湾海峡を挟んで併存し、現在に至る中台関係の歴史を台湾側の各政権期を通して俯瞰する。

第二章「中台関係の展開――『一つの中国』の同床異夢」（浅野和生）では、第二次大戦終結後から概ね二〇〇〇年代初めまでの中台関係について、「一つの中国」をめぐる双方の主張の隔たりと妥協が、同床異夢の中台間の対立と接近の歴史を織りなしてきたことと解き明かす。続く第三章「九二年コンセンサスと馬英九政権」（野澤基恭）は、一九九二年に行われた中台間の会談で合意されたとされる「一つの中国、それぞれの表現」に基づき展開した国民党馬英九政権の中台対話路線を振り返る。

第四章「鴻海の中国進出と脱中国」（漆畑春彦）は、電子機器の生産を請け負う電子機器受託製造企業、鴻海を事例に、中国へ進出した台湾企業の背景と、その後中国離れの要因を分析する。第五章「台湾人と台湾アイデンティティのいま――二〇二四総統選挙から」（松本一輝）は、最近台湾で行われたアンケート調査や二〇二四年総統選挙の結果から、現在の台湾における高い台湾アイデンティティについて分析する。第六章「全国日台交流サミットと日台における自治体間の友好関係」（山形勝義）は、現在、日本と台湾の自治体間において結ばれた各種の友好関係の十五事例を紹介する。叢書9、10で触れた百三十一事例の続きである。

本書の執筆者に共通するのは、日台関係がよき隣人関係でありたいと願う率直な気持ちである。台湾は、自由と民主主義の価値観を共有する隣国である。国交は断たれているものの、両国間の歴史、経済、文化の関係は大切な絆を構成してきた。四面環海の日本の安全保障にとって、台湾は地政学上も極めて重要なパートナーだ。

日台関係研究会は、今年で創立二十九年となった。本会は毎月の例会を欠かすことなく実施し、年次大会も開催してきた。叢書の出版も十一冊目となったが、本会関係者の執筆にかかる関連書物は、十四冊を数えている。もちろん、こうした活動は、関係する方々のご理解とご支援なくしては継続できない。この機会に、改めて深く感謝を申し上げたい。

令和六年十二月

日台関係研究会常務理事・平成国際大学名誉教授　酒井正文

目　次

中台関係の展開と「一つの中国」

カバーデザイン：古村奈々＋Zapping Studio

第一章　戦後の中台関係史——蔣介石から蔡英文まで

国立台湾師範大學博士課程　渡辺耕治

1　蒋介石政権時期

第二次世界大戦後の中国大陸では、蒋介石率いる国民党と毛沢東率いる共産党の間で中国の指導権を巡って武力紛争が勃発した（所謂国共内戦）。国共内戦に勝利した毛沢東は、一九四九年十月一日に北京の天安門で中華人民共和国中央人民政府の成立を宣言した。国共内戦に敗退した国民党は、同年十二月七日に中華民国中央政府を台北に移転させ、台湾で中華民国体制を維持した。つまり、一九四五年に対日戦争に勝利した中華民国は、日本が「ポツダム宣言」を受諾したことに伴い、日本から接収したばかりの台湾に逃げ込んだのである。これ以後、中国は中華民国と中華人民共和国の二つに分裂して台湾海峡を隔てて併存することになった。これが戦後の中台関係の起源である。

台湾に撤退した中華民国は領土と人口の大半を占めた中国大陸を喪失して、事実上実効支配する領域は、台湾島・澎湖諸島などの周辺島嶼及び中国大陸沿岸近くの諸島に限られた。しかし、一九四九年一月二十一日に総統を辞任した蒋介石は、一九五〇年三月台湾で総統の職権行使の継続を宣言した後、「反共復国」や「大陸反攻」を掲げて台湾を拠点に中国全土の再統一を目指し、共産党の赤化の奔流に対抗するために、「堅壁清野」の政策を実施して台湾海峡を行き来する人の流れを完全に遮断して、共産党と軍事対峙を展開した。

これに対して、毛沢東は中華人民共和国が誕生する前後から武力による「台湾解放」を提唱して台湾統一を目指し、台湾の前哨基地を奪取するために、中国共産党軍（四九年九月より人民解放軍）は中華民国が実効支配する福建省沿岸の金門島に軍事侵攻した。一九五〇年代まで共産党が金門島に軍事侵攻した戦役は、「古寧頭の戦い」（一九四九年十月）、「九三砲撃戦」（一九五四年九月）、「八二三砲撃戦」（一九五八年八月）の三つがある。

「古寧頭の戦い」は中華人民共和国が成立した後の一九四九年十月下旬、中国大陸の南部や西部における国民党の拠点を次々に席巻し、厦門を完全制圧した人民解放軍が渡海して金門島に上陸作戦を実施し、中華民国国軍と武力衝突した戦役である。「古寧頭の戦い」は中華民国国軍が激戦の末に勝利して金門島を死守したため、毛沢東が提唱する「台湾解放」を食い止めて人民解放軍の台湾進攻を一時的に阻止した。その後、一九五〇年六月二十五日に北朝鮮軍が韓国に奇襲攻撃を仕掛けて朝鮮戦争が勃発すると、米国は直ちに「台湾海峡中立化」を宣言し、毛沢東が呼号する「台湾解放」と蔣介石が呼号する「大陸反攻」を牽制するため、台湾海峡に第七艦隊を派遣した。同年十月、毛沢東は北朝鮮を支援するために朝鮮戦争に参戦し、「台湾解放」用の戦力を朝鮮戦争に投入したため、台湾への軍事侵攻を実施することができなくなり、人民解放軍による「台湾解放」は挫折した。

米国政府は朝鮮戦争勃発前、国共内戦に敗退して中国大陸を追われた中華民国は命脈が尽きたと認識して、一九五〇年一月に「台湾海峡不介入」声明と台湾・韓国を除外した東アジア防衛線「不後退防衛線」（いわゆるアチソン・ライン）を発表し、台湾への不干渉と軍事援助不供与を表明した。つまり、朝鮮戦争の勃発は台湾の運命を変え、中華民国は米国から軍事援助の再開を受けて息を吹き返したのに対して、中華人民共和国は「台湾解放」の絶好な機会を失ったのである。

一九五三年二月米国のアイゼンハワー大統領が「台湾海峡中立化」の解除を宣言し、同年七月に朝鮮戦争の休戦が実現すると、毛沢東は攻撃を開始して、「台湾解放」の軍事作戦を再開し、一九五四年九月三日人民解放軍が金門島と馬祖島に向けて砲撃し（所謂「九三砲撃戦」）、第一次台湾海峡危機が勃発した。米国は自国の国益を守り、台湾防衛の意思を示すため、一九五四年十二月に中華民国と「米華相互防衛条約」に調印した後、翌一九五五年一月米国議会はアイゼンハワー大統領の要請により、大統領に台湾と澎湖島、及びそれに対する攻撃のはっきりした準備行動が認められる事態に際して、軍事力を行使する権限を与える決議を、上下院において採択させた。

一九五五年一月、中華民国が統治する一江山島は人民解放軍に占領されたため、蔣介石は大陳島の防衛は困難であると判断し、米軍第七艦隊の支援を受けて、軍民や游撃隊員を大陳島から撤退させた。この結果、中華民国が統治する浙江省沿岸の小島嶼は全て喪失し、中華民国が実効支配する領域は、現在の台湾島、澎湖島と福建省の金門島、馬祖島など島嶼だけとなった。

第一次台湾海峡危機が終息した後、共産党は台湾問題を解決するために新たな方針を提示し、武力による「台湾解放」だけでなく、平和攻勢による「台湾解放」を唱えて、国民党と新たに協力関係を結ぶ第三次国共合作を呼び掛けた。しかし、蔣介石は人民解放軍の台湾侵攻を防ぎ、「大陸反攻」の機会を待つために軍の再編成を推進して、共産党と最後まで戦い抜き、如何なる交渉にも応じない態度を示した。このため、共産党の統一戦線工作は実を結ばず、中国大陸において「反右派闘争」から「大躍進運動」へと急進的な社会主義建設運動が展開される中で、再び台湾強硬路線が台頭した。

一九五八年八月二十三日に「八二三砲撃戦」が勃発した。人民解放軍の砲撃は合計四十三日間に亘り、金門島に向けて毎日、昼夜を問わず、集中豪雨のように砲弾を撃ち込んだ。十月六日に一時的な停戦になるまで、合計四十二万発以上の砲弾が撃ち込まれた。十月二十五日人民解放軍は再び砲撃を開始したが、偶数日の砲撃停止を宣言するとともに、砲弾戦から宣伝ビラを撒き散らす軍事作戦に変更した。こうして、奇数日に人民解放軍が、偶数日に中華民国国軍が一日おきに砲撃し合うことになった。以後、一九九〇年代半ばまで台湾海峡では大規模な軍事衝突が発生せず、冷戦構造による対立が継続した。

「八二三砲撃戦」以後、台湾海峡において国民党と共産党の大規模な軍事衝突が発生しなかった主な要因は共産党が直面した国内外の問題である。一九五〇年代後半以降、毛沢東が発動した「三面紅旗」運動の失敗、及びこの一連の政治改革運動や権力闘争による経済発展の停滞、一九六五年から十年に亘る文化大革命の混乱、一九六九年三月中ソ国境紛争の勃発、一九七一年林彪事件、一九七六年に毛沢東と周恩来が逝去した後の権力闘争などの影響である。これらの要因により、共産党は武力で「台湾解放」を成し遂げることができなかった。

中華民国と中華人民共和国は一九四九年に台湾海峡を隔てて併存してきたが、双方は互いを敵対国家としてではなく、自国内の反乱団体と看做し、互いに中国を代表する唯一の合法政府であると主張した。このため、中華民国と中華人民共和国はいずれが中国の主権を代表する唯一の合法政府であるか否かを巡り、外交闘争を展開した。これが「一つの中国」原則の主張が生まれた背景である。

中華人民共和国は中華民国を国際社会から孤立させるため、中華民国と外交関係を有している国交国に対して切り崩しを図った。中華人民共和国は各国と国交を樹立する際の三原則を定めた。①中華人民共和国と国交を樹立する国は、必ず中華民国と断交しなければならず、「二つの中国」を認めない。②中華人民共和国の国連における合法的な地位獲得を支持すること。③中華人民共和国の主権尊重について、各国は誠意を示すこと。この三つの原則に基づき、中華人民共和国は各国と国交を樹立して、一九七六年に毛沢東が逝去するまでの間、その数は百十以上に達した。

これに対して、台湾に撤退した中華民国は実効支配する領域が台湾、澎湖、金門、馬祖など島嶼地域に限られていたにも拘らず、自らを中国の正統政府と称し、反乱団体の共産党が樹立した中華人民共和国は中国大陸を不法に占拠した政権であり、台湾に存在する中華民国は一時的に台北に遷都しただけであり、「大陸反攻」を成し遂げて中国全土を再統一した後、中央政府は中国大陸に戻ると主張した。しかし、米国は台湾に撤退した中華民国の「大陸反攻」を支持せず、その代わりに中国封じ込めの反共前哨基地の役割を担わせるため、国際社会において、とりわけ国連の中国代表権問題において中華民国を支持した。

東西冷戦構造の下で、中華民国は一九七〇年まで米国の支援を受けて、一九四五年の国連成立時の原加盟国としての国連の議席と安保理常任理事国の地位を維持し、中華人民共和国の国連加盟を阻止した。しかし、一九六〇年代に第三世界と称されるアジア、アフリカ、ラテンアメリカなど新興国の中で中華人民共和国と国交を樹立する国が増加するとともに、ベトナム戦争、中ソ対立による中ソ間の不和の表面化、一九七〇年後半から一九七一年前半にかけてカナダ、イタリア、オーストラリアが中華人民共和国との国交樹立に踏み切るなど、国際環境が大きく変化する中で、米国と中華人民共和国は各々の思惑をもって接近し始めた。

これまで国連において中華民国を支援してきた米国は、一九七一年七月にキッシンジャー大統領補佐官が極秘訪中を行い、中華人民共和国との関係正常化を模索し始めた。これ以後、米国は中華人民共和国の国連加盟に反対しなくなり、中華民国の国連議席を確保しつつ、中華人民共和国の国連加盟に同意するという二重代表方式によって、国連における中国代表権問題を解決する代替案を提起した。しかしながら、同年十月二十五日の第二十六回国連総会において、米国が提起した二重代表方式案は採決されず、アルバニア案（中華人民共和国招請、中華民国追放）が可決したため、中華民国は国連から脱退した。この結果、中華人民共和国は国連において中国を代表する唯一の合法政府であると承認され、国連の中国代表は中華民国から中華人民共和国に代わったため、国際社会における中華民国と中華人民共和国の地位は完全に逆転した。中華人民共和国が国連に加盟して安保理常任理事国の地位を獲得したため、中華民国は再度国連に加盟することが難しくなった。さらに、一九七二年二月に米国のニクソン大統領は訪中して周恩来と「上海コミュニケ」に調印し、両国の関係が改善された。この結果、国連から追放された中華民国は、その後、国際組織から次々に排除されると同時に、各国との断交が相次いで、国際的孤立に陥った。

2　蔣経国政権時期

一九七九年元日、中華人民共和国は米国と国交を正常化した日に、全国人民代表大会常務委員会の名で台湾との平和統一を目指す方針を掲げた、「台湾同胞に告げる書」の主な内容は次の通りである。①国民党と共産党は長期に亘る交流の隔たりを埋めて相互信頼を築くために、「三通」（通商、通航、通郵）を開放し、「四流」（学術、文化、スポーツ、工芸の交流）の振興を呼び掛ける。②中国政府は人民解放軍に対して金門島への砲撃停止を命令した。③国民党と共産党は軍事的な敵対状態を終結させ、祖国統一の大業を実現しなければならない。

共産党は台湾政策を従来の「武力解放」から「平和方式による統一」に変更し、台湾に対する態度を軟化させたが、台湾統一という目標を変更した訳ではなく、戦略を変更しただけであり、台湾に対する武力行使を放棄するとは述べていない。共産党が台湾政策の方針を変更した要因は次の通りである。①改革開放の必要性。一九七八年十二月中国共産党第十一期中央委員会第三回全体会議において、改革開放を実行するという新たな政策が決定されたことにより、国家の近代化と経済後進国からの脱却を図り、経済改革と対外開放政策を積極的に推進するために、台湾を含む外国の資本と技術導入が必要になった。②米中国交正常化の影響。共産党は米中国交正常化に伴い、中華民国と米国の外交関係が断絶された結果、これまで米国に強く依存してきた中華民国は存続できなくなると認識した。③台湾における政治情勢の変化。一九七八年五月総統に就任した蔣経国は、台湾民衆の間では好評であったが、国民党の権威主義的統治は台湾の民衆から疑問視され、党外運動が活況を呈するとともに、民主化を求める声が湧き起こっていた。このため、共産党の元老たちは、蔣経国の治世に台湾と平和的統一が実現することに希望を抱いた。

一九八一年九月、全国人民代表大会常務委員会委員長の葉剣英が発表した「台湾の祖国復帰と平和的統一実現に関する政策方針」（所謂「葉九条」）は、「三通四流」の実施や祖国統一の大業を完成させるために国共合作を呼び掛けるとともに、「一国二制度」の構想について言及し、台湾に対して次の二つを保証した。①祖国統一後、台湾は特別行政区として高度な自治を享受することができ、軍隊も保有することができ、中共中央政府は台湾の地方の事柄に干渉しない。②台湾における現行の社会経済制度を変えず、生活様式を変えず、外国との経済・文化関係を変えない。個人の財産、家屋、土地、企業の所有権と合法的な相続権及び外国の投資は侵犯されない。葉剣英が言及した「祖国統一後台湾の高度な自治」と「現行制度の維持」は、「一国二制度」構想の原型であると称されている。

一九八二年十二月、全国人民代表大会第五期第五次会議において中華人民共和国憲法は改定され、前文で「台湾は中華人民共和国の神聖な領土の一部分である」と明記し、憲法第三一条では「国家は必要な時に特別行政区を設けることができる」という規定を盛り込んで特別行政区の法的根拠を示し、台湾に対する平和統一攻勢に法的基礎を設けた。

一九八三年六月、中国共産党中央委員会台湾工作弁公室と国務院台湾事務弁公室は、鄧小平が台湾問題を解決するために提示した構想を「鄧六条」として集約した。「鄧六条」は「一国二制度」の概念を詳しく説明し、中華人民共和国の台湾政策の基礎となったものであり、その内容は次の通りである。①「一つの中国」原則。世界に中国は一つだけであり、台湾は中国の一部分であり、中央政府は北京である。「二つの中国」、「一中一台」、「一国二府」、「台湾独立」など中国の主権と領土保全を分断する如何なる言動に対しても反対する。②二制度の共存。中国の社会主義制度と台湾の資本主義制度は長年に亘って構築されているため、祖国統一後、台湾の社会経済制度を変更しない。③高度な自治。祖国統一後、台湾は特別行政区となり、高度な自治を享受することができる。台湾は外国と商務や文化などの協定を締結することができ、一定の渉外事務権も有することができる。司法は独立し、最終判決の権限を北京に移す必要もない。台湾は自己の軍隊を保有することができるが、中国大陸に脅威を与えてはならない。中華人民共和国は台湾に軍隊や行政官の派遣を行わない。④平和交渉。祖国統一を実現するために、国共両党は「一つの中国」の前提の下で、あらゆる問題を対等な立場で対話することができる。

「一国二制度」の構想は、「一つの中国」の下で台湾は中国大陸と異なる制度を実施できると言及している。しかし、問題は中国が提案した「一国二制度」とは、統一後台湾が特別行政区という中華人民共和国の一つの地方組織になることを規定していることで、換言すると、中華民国の国号を取り消させ、北京を中央政府とし、台湾は地方政府に格下げされて、隷属関係となることである。

蔣経国総統は一九七九年四月に中国国民党中央常務委員会において、共産党と「接触せず、談判せず、妥協せず」と「通商せず、通航せず、通郵せず」という「三不政策」を表明し、「中華民国は如何なる状況下でも絶対に共産党と交渉せず、また絶対に大陸光復と同胞救出の神聖な任務を放棄せず、この立場は絶対に変更しない」と述べ、共産党が提案した「三通四流」の呼び掛けを拒否した。その後、一九八一年中国国民党第一二期全国代表大会において「三民主義を貫徹して中国を統一する」案が決議された後、蔣経国総統は「三民主義は中国を救い、共産主義は中国を損なう」と主張し、「三民主義で中国を統一することは、中国が平和的且つ自由な現代文明国になる唯一実行可能な道である」と表明した。つまり、中華民国による祖国統一は、武力による「大陸反攻」ではなく、政治・社会・経済の方面から行われるとして、国民党の中国政策を変更したのである。しかしながら、この立場は一九八〇年代後期以降に変化し始めた。

一九八〇年代半ば、台湾企業の経済環境が激変し、台湾内部における賃金のベースアップ、地価高騰、生産コストの上昇、環境保全意識の高揚、台湾通過の切り上げ及び国際保護主義などの影響を受け、台湾の産業界は対岸の福建省や広東省への投資、あるいは進出に乗り出した。また、大陸と台湾の人の往来は香港を経由して闇で拡大し、国共内戦による離散家族は秘密裡に中国大陸に渡航していた。

一九八六年五月、中華航空ボーイング七四七型機バンコク発香港行きの貨物輸送機が機長の中国への亡命決断により、広州白雲空港に着陸する事件が発生し、国際社会に衝撃を与えた。当時、蔣経国政権は「三不政策」に基づき、中華人民共和国と如何なる交渉も行わない方針をとっていた。しかし、同事件発生後、機長を除き、同乗していた二名のクルーは台湾への帰国を希望し、さらに同航空機と機内の貨物を併せると、その資産価値は六〇〇〇万米ドルであり、これを放棄すると大損害を被るため、蔣経国政権は中華人民共和国と交渉を行わざるを得なくなった。最終的に交渉を通じて事務処理として解決して、二名のクルーと航空機及びその貨物は台湾に戻った。事件の処理は中華民国と中華人民共和国が一九四九年に台湾海峡を隔てて分裂・分治となって以来、初めて中台双方の関係者が公的な接触と交渉を通じて、事務的な問題を共同で解決した事案である。

一方で、同事件が発生したことにより、国共内戦で国民党軍に従軍して台湾に移転したまま中国大陸の故郷に帰れずにいた外省人老兵（退役軍人）の間で「大陸探親」の里帰りを求める「返郷運動」が起こり、一九八七年四月「外省人帰郷親族訪問促進会」が設立された。同促進会は政府や台湾社会に向けて高齢化する退役軍人の帰郷や親族訪問という問題の早期解決を目指して設立された組織であり、中華民国政府が一九八七年十一月二日に「大陸探親」を開放（公務員及び現役軍人を除き、中国大陸に三親等以内の親族をもつ者）して、帰郷や親族訪問の門戸を開いたことにより、同促進会の目的は達成された。

一九八七年七月十五日、台湾において三十八年間実施した「戒厳令」が解除され、同年十一月二日には「大陸探親」が開放された。これを機に、中台間の人的交流は徐々に拡大し、親族訪問、ビジネス、観光、学術、スポーツなどの分野において交流が展開され、多くの台湾人が中国に押し寄せる不可逆的な流れになった。例えば、「大陸探親」解禁後の一九八八年、第三国経由で「大陸探親」を行った人数は約四十四万人であり、翌一九八九年には、天安門事件の政治的混乱があったにも拘らず、訪中した人数は約五十四万人に達したとされる。「大陸探親」の開放は中台間の政治的敵対意識を低下させ、対立の時代から交流の時代へ移行した。

3　李登輝政権時期

蔣経国総統は一九八八年一月十三日に逝去し、李登輝が新総統に就任した。一九八八年七月の中国国民党第十三期全国代表大会において、中華民国の「現段階における大陸政策」が可決されたため、李登輝は蔣介石と蔣経国が堅持した「一つの中国」原則を継承し、蔣経国が提起した「三不政策」を堅持する一方で、中国との経済関係については、柔軟政策を推進した蔣経国路線をそのまま継承した。李登輝政権発足後、中国との交流はヒト・モノ・カネを通じて徐々に進展する一方で、中国との交流を通じて生じた問題や課題に対処するため、さらに各機関の事務手続きの連絡を円滑に進めるため、一九八八年八月行政院に「大陸工作会報」を設置した。一九九〇年十月、李登輝政権は中国政策の方針を策定する機関として総統府に「国家統一委員会」を設置し、翌一九九一年一月には、中国との経済交流と人的交流が拡大したことに伴い、事務処理効力の向上を図るために、「大陸工作会報」を「行政院大陸委員会」に改組した。「大陸委員会」は中国政策を総括、分析、企画、決定する機関である。しかし、李登輝政権は「三不政策」の下で中国と公式に交渉や接触を行うことができなかった。また、一九九〇年代初頭に商用・観光目的による台湾人の中国訪問を解禁したが、中台双方に大使館を通じた外交ルートが存在せず、台湾人のビザ発給業務や中国大陸における安全確保などの事務処理を行う必要が出てきた。このため、一九九一年三月中華民国政府は一部の民間人と共同で財団法人「海峡交流基金会」を設立し、中華民国の対中国交渉窓口機関とした。つまり、「海峡交流基金会」は台湾が中国と交渉や接触を行うための半官半民の機関であり、主な任務は政府の委託を受けて、中国との交渉や公証書の発行など公権力に関わる業務を担った。

一九九一年三月、「国家統一委員会」が作成した「国家統一綱領」は行政院で採択され、一九九〇年代大陸政策の基本原則となった。翌四月、李登輝総統は学生運動として展開された野百合運動の要求に応えて、一九四八年に共産党の反乱を鎮圧するために制定された「動員戡亂時期臨時條款」(憲法機能の一部を凍結して権威主義を可能にした憲法の追加条項)と同臨時條款に関連する法律の廃止を宣言した。李登輝総統は「動員戡亂時期臨時條款」の廃止を宣言した日の記者会見において「今後中国共産党は大陸地区を支配する政治実体と看なし、大陸当局あるいは中国共産党当局と呼ぶことにする」と述べるとともに、「中国共産党は台湾に対する武力行使を放棄せず、台湾を孤立させる態度を改めない限り、中国共産党は敵対的な政治実体としてしか認定できない」と主張した。つまり、李登輝総統は中華人民共和国が中国大陸を実効支配していることを認め、中台関係を対立から共存へ転換させる方向性を示したのである。また、一九九二年七月、李登輝政権は台湾と中国大陸の民間往来を規制するとともに、台湾の安全と公共の福祉を確保するため、立法院において「台湾地区と大陸地区の人民関係条例」を可決させ、中台関係の基本法とした。

統一前の中台関係を「一つの中国」、「二つの地区」、「二つの対等な政治実体」と定義した「国家統一綱領」の主な内容は次の通りである。①「一つの中国」は、我々が一貫して主張する政策であり、中国大陸と台湾はともに中国の領土である。②「二つの対等な政治実体」は、一九四九年以来今日に至るまで、中国は一時的に分治状態であり、二つの対等な政治実体が両岸を分治しているが、両者は相互に対等である。③「三つの過程」は、両岸は四十年余り別個に存在しており、異なる政経制度と生活方式で発展した。従って、概念上相違があるだけではなく、相互信頼が不足しているため、過去に累積した敵意と誤解は長時間の交流で徐々に取り除かなければならない。このため、短期（交流と互恵）、中期（相互信頼と協力）、長期（交渉と統一）過程の三段階で両岸関係が融合できることを期待する。④「四つの原則」とは、理性、和平、対等、互恵の原則であり、双方がともに利益を得る関係を構築する。

「国家統一綱領」の最終目標は、民主、自由、均富の中国を樹立すること、すなわち、経済の自由化、社会の多元化、文化の中国化を実現することであり、その要旨は次の四つである。①一つの中国を堅持して、中国の統一を求める。②平和統一を堅持して、武力行使に反対する。③台湾人の権益を尊重することが統一の前提である。④平和統一には過程はあるが、時間表がない。

一九九二年十月、香港において「海峡交流基金会」と「海峡両岸関係協会」による事務レベルの折衝が行われ、双方が発行する公文書の扱いを協議した際に、公文書には国名の記載が必要であるため、「中国は一つである」とする「一つの中国」原則との整合性が問題となった。中台双方は「一つの中国」原則を堅持しているが、「一つの中国」の意味について認識が異なっていた。中国側は「一つの中国」

とは中華人民共和国を指すことであり、協議を達成するには、中国側が主張する「一つの中国」を前提としなければならないと主張した。つまり、中華民国が一九七一年に国連から脱退して以来、中華人民共和国は国連において中国を代表する唯一の合法政府と承認されたため、中国側が提示した「一つの中国」原則を受け入れることは、中華民国を国際社会から消滅させ、中華人民共和国が台湾を対外的に代表する中央政府として承認されることを意味する。一方で、台湾側が主張する「一つの中国」とは、一九一二年以来、すでに存在しているのは中華民国であり、主権の範囲は全中国に及んでいるが、現在の統治権は「台湾島、澎湖島、金門島、馬祖島」に及んでいるのみであるという認識であるため、「一つの中国」原則を受け入れるが、その含意については、それぞれの認識と理解が異なると主張した。この結果、中台双方は香港会談において合意に至らなかった。台湾側によると、香港会談終了後、中台双方はこの案件を持ち帰って検討し、電話や書簡によるやり取りで、中国側が十一月三日に「口頭での声明で『一つの中国』に言及する」という台湾側の示した妥協案を受け入れると表明し、十一月十六日に正式な書簡でそれを確認し合った。このため、「一個中国、各自表述」（「一つの中国」の解釈は、各々が述べ合う）という合意ができたという主張がある（所謂「九二共認」）。一方で、中国側は「一つの中国」については合意が確認されたが、「一つの中国」の意味を巡る不一致には触れないということを各々が口頭方式で述べることを確認した合意であると主張している。江沢民は台湾側が強調する「一中各表」の「各表」の部分について認めなかったのである。

一九九三年四月、「海峡交流基金会」理事長の辜振甫と中国側窓口機関である「海峡両岸関係協会」

会長の汪道涵はシンガポールで「辜汪会談」を行い、①両岸公証文書の使用と認証の協議、②両岸書留郵便物の照合、補償事務の協議、③両岸の連絡と会談制度化の協議、④辜汪会談の共同協議、の四つの合意文書に調印した。

李登輝は中国との交流制度を確立して民間交流を発展させた一方で、政権基盤を固めた後には、台湾の国際的孤立を打破するために、積極的な実務外交を展開した。一九九一年六月、立法院は李登輝政権に対して適当な時期に中華民国名義で国連に復帰することを勧告する決議を可決させたため、李登輝政権は一九九三年に国連復帰運動を開始した。一九九〇年代初め、台湾経済は急速に発展し、中国よりも経済力が強かったため、李登輝政権は台湾の経済力を国際社会にアピールして国際的活動空間を拡大するために実務外交を展開した。しかし、江沢民は李登輝が推進した実務外交を深刻な外交的挑戦と受け止め、とりわけ台湾の国連復帰運動に対して、「二つの中国」を作り出す、あるいは台湾独立に向けた台湾当局の動きと解釈して、警戒心を一気に高めた。一九九三年八月、国務院台湾事務弁公室は「台湾問題と中国の統一」と題する白書を発表し、「世界に中国は一つであり、台湾は中国の不可侵の一部であり、中華人民共和国は中国を代表する唯一の合法政府である」という「一つの中国」原則を再確認した上で、台湾が実務外交を展開して外交空間を拡大させようとする動きに反対する姿勢を示した。

中台関係が低迷し始めた一九九五年一月、江沢民は「祖国統一という大事業の完成を促進するために絶えず奮闘する」と題する談話（所謂「江八点」）を発表した。この談話は中台関係に関する八つの理念と提言を提示し、江沢民政権下における台湾政策の指針となったものである。江沢民は「一つの中国」原則を堅持し、台湾と諸外国が民間における経済文化関係の発展に反対しないことを強調する一方で、「二つの中国」や「一中一台」を目的とする台湾の国際的生存空間を拡大する活動に反対する立場を表明し、台湾の国際的な活動に対して制限を加えた。

一九九五年四月、李登輝は「国家統一委員会」の会議で「江八点」に返答する六項目の中国政策（所謂「李六条」）を提示し、中国側は中華民国が八十四年間生存している事実を直視せず、国際社会における台湾のあるべき地位と発展を否定していると不満を述べた。また、中国側が提案した敵対状態を終結させるための交渉について、李登輝は中国側が未だに武力行使の放棄を宣言していないと指摘し、中国側の武力不行使宣言を交渉開始の前提条件とした。さらに、李登輝は「両岸双方は対等な立場で国際機関に参加し、双方の指導者が会談できるようにする」ことを提案した。李登輝が提案した中台双方の指導者が会談するのに最適な時期と場所は、その年に大阪で開催された「アジア太平洋経済協力会議（APEC）」であると述べたが、江沢民と見解が異なっていたため、両者が会談することはなかった。

一九九五年六月、李登輝総統は母校米国コーネル大学に訪問し、「民の欲するところ常に我が心にあり」と題した講演を行い、「台湾は経済発展と民主化を成し遂げたにも拘らず、国際社会において然るべき地位を有していない」ことに不満を表明し、「今後台湾は外交孤立の脱却に全力を挙げる」と述べ、講演の至るところで「台湾の中華民国」を強調した。李登輝訪米後、中国政府は強い反発を示し、一九九五年秋に開催予定であった第二回「辜汪会談」を拒否して、李登輝を「二つの中国」を画策する首謀者と決めつけて、批判キャンペーンを繰り広げるとともに、一九九五年七月から一九九六年三月にかけて、中国政府は台湾海峡において計四回の大規模な軍事演習を実施して台湾を威嚇した（所謂第三次台湾海峡危機）。とりわけ、一九九六年三月の総統選挙戦期間において、人民解放軍は李登輝の当選を妨害するために、軍事演習と称して計四発の弾道ミサイルを台湾近海に試射した。このため、米国が事態の収拾を図るために、空母二隻を含む機動部隊を台湾近海に集結させたため、第三次台湾海峡危機は終結した。

一九九七年七月、「香港返還」が実現された後、「海峡交流基金会」と「海峡両岸関係協会」の対話が再開され、一九九八年十月に第二回「辜汪会談」を実施した。第二回「辜汪会談」で合意した項目は、中台双方の対話強化、中台民間機関の交流強化、中台双方の人民の人身安全問題の処理、海峡両岸関係協会会長汪道涵の訪台であった。第二回「辜汪会談」実施後、中台関係は交流を再開して復活の兆しが見え始めた一九九九年七月、李登輝総統はドイツのラジオ局のインタビューの中で「一九九一年の中華民国憲法改正以後、両岸関係の位置づけは国家と国家、少なくとも特殊な国と国の関係である」と発言し、所謂「二国論」を発表した。この発言によって、中国側は李登輝が「二つの中国」、「一中一台」を作り出す首謀者だと厳しく批判し、第三回「辜汪会談」の開催を拒否すると同時に、汪道涵会長の訪台を取り消した。李登輝が「二国論」を発表した後、中国は台湾に対して全ての意思疎通のパイプを閉鎖したため、中台関係は一九九二年以前の対立状態に戻った。

4 陳水扁政権時期

二〇〇〇年の総統選挙戦において、中国政府は「一つの中国の原則と台湾問題」と題した白書を発表し、「三個如果」（三つのもしも）を提起し、次の三つの仮定条件の中で一つでも該当した場合、中国は非平和的手段を含むあらゆる行動を起こすと警告した。①もし台湾が如何なる名義であろうと、中国から分離、分割されるという重大変化が起きた場合、②もし外国が台湾を侵略して占領した場合、③もし台湾当局が中国との平和統一の交渉を無期限に応じなかった場合、以上三つの場合には中国政府は武力行使を含め、一切可能な断固たる措置を行使して、中国の主権と領土保全を守り、中国統一の大業を完成させると表明した。

二〇〇〇年三月の総統選挙は、民進党候補の陳水扁が三万票弱の僅差で勝利して、台湾で初めて政権交代が実現し、台湾移転以来長期政権を担ってきた国民党は野党に追いやられた。二〇〇〇年五月、陳水扁総統は総統就任演説において「中国政府と共同で将来の一つの中国の問題を処理する」と述べ、現在の中国は一つではないことを暗示するとともに、中国政府が台湾に対して武力行使する意図がない限りという前提条件の下で、「四不一没有」（四つのノー、一つのない）の原則を提示した。①在任中に台湾独立を宣言しない。②中華民国の国名を変更しない。③中華民国憲法に二国論を加えない。④統一あるいは独立を問う、すなわち、現状を変更するための国民投票を実施しない。⑤李登輝政権時に設立した「国家統一綱領」や「国家統一委員会」を廃止しない。

陳水扁の総統就任演説は、中国が提起した「三個如果」への返答であり、台湾独立に言及しなかったが、中国側は陳水扁が「一つの中国」原則について明確に返答していないとして、「聴其言、観其行」（その言を聴き、その行いを見る）と述べ、陳水扁が中台関係をどのように導いていくのかを見守ると主張した。

陳水扁総統は一九九〇年代後半以降の台湾内外における経済環境の変化を注日して、李登輝が一九九六年九月に提示した民間企業の対中投資を制限する「戒急用忍」（急がず忍耐強く）政策は不適切であると認識して、「積極解放、有効管理」という政策を採用した。つまり、李登輝政権は資本、技術、人材が絶え間なく中国へ流出している事態に直面して、台湾の安全保障の観点から対中投資にブレーキをかけるために「戒急用忍」政策を講じたが、陳水扁政権は政府の管理を前提に対中投資を積極的に進めていく「積極開放、有効管理」政策を提示したのである。この結果、台湾商人が対中投資を行う際の様々な制限が緩和され、中台間の経済交流は緊密になった。また、陳水扁政権は「離島建設条例」に基づいて、「金門・馬祖と中国地区の航空航行実施措置」を成立させたため、二〇〇一年一月に金門と厦門、馬祖と馬尾の間で「小三通」（通郵、通商、通航の限定的開放）を開始するとともに、二〇〇三年には春節における中台間の直行チャーター便の運航も実現させ、中国との経済交流を推進させた。その後、直航チャーター便は徐々に便数が拡充されていった。

しかしその後、陳水扁総統は台湾自立化政策を推進して台湾自らの主権を強く打ち出す姿勢を示すようになり、「中国」や「中華」を冠する企業名や組織名を「台湾」に改めさせる正名運動を支援して、二〇〇三年九月に「中華民国」とだけ書かれたパスポートが中華人民共和国のパスポートと混同されて不便であるとして、中華民国パスポートの表紙に「ＴＡＩＷＡＮ」と記載されたパスポートを発給するように指示した。さらに、二〇〇六年から二〇〇七年にかけては中正国際空港を台湾桃園国際空港に、中華郵政を台湾郵政に、中正記念堂を台湾民主記念館に改称した。

二〇〇二年八月三日に東京で開催された世界台湾同郷連合会の年次総会でビデオ演説を行った陳水扁は、①これからの台湾は自分たちの民主、自由、人権及び平和の道を行く、②台湾は主権独立国家であり、台湾と中国はそれぞれ別の国である、③台湾の前途を決定するのは二千三百万人の台湾住民であり、そのために住民投票の立法化を真剣に考えなければならない、と発言した。陳水扁はこの「一辺一国」論の考えを示すと、中国政府は反発して、中国外交部は「世界に中国は一つしかなく、中国も台湾も中国の一部であり、中国の主権と領土保全の分割は容認できない」と主張するとともに、人民日報や新華社通信に至っては一斉に文攻（文書による攻撃）を開始したため、中台関係は政冷経熱の状態に陥った。

二〇〇三年中国大陸で発生したＳＡＲＳ（重症急性呼吸器症候群）が世界各地で拡大し、台湾もＳＡＲＳ感染の被害地域となったため、陳水扁政権は世界保健機関（ＷＨＯ）オブザーバー参加申請を行ったが、中国政府の妨害工作によって、ＷＨＯにオブザーバー参加することができず、台湾の対中世論が悪化した。これを機に、陳水扁総統はＷＨＯ加盟を求める住民投票実施に向けた協議を行うよう与野党に呼び掛け、同年十一月下旬に立法院で「住民投票法」を可決させた。

胡錦涛はこうした陳水扁政権の動きを牽制するため、二〇〇五年三月に「胡四点」と称する対台湾政策の基本方針を発表した。その内容は次の通りである。①「一つの中国」原則の堅持は決して揺るがない。②平和統一に向けた努力を決して放棄しない。③台湾の人々に希望を寄せる方針の貫徹は決して変えない。④「台湾独立」の分裂活動への反対については決して妥協しない。その後、同年三月十四日に第十期全国人民代表大会第三回大会において「反国家分裂法」が採択された。「反国家分裂法」は中国政府が既存の台湾政策を踏襲したものであり、「台湾は中国の一部である」、「一つの中国」原則や祖国統一の目標を再確認し、台湾との平和統一を実現する政策手段を立法化したものである。また、「反国家分裂法」は台湾に対する「硬軟両様」の策略であり、ハードな政策については、第八条に武力行使を示唆する「非平和的手段」という用語を明記して、次の三つの条件の下で、中国は国家主権と領土保全を守るために非平和的手段及びその他の必要な措置を講じることができると定めた。①台湾が如何なる形式であれ、中国から分離させるという事実を引き起こした場合。②台湾を中国からの分裂を引き起こす可能性のある重大な事変が起きた場合。③平和統一の可能性が完全に失われ場合。「反国家分裂法」は中国政府がこれまで主張してきた「外国勢力が台湾の内部問題に介入した時」や「台湾当局が中国との平和統一の交渉を無期限に応じなかった場合」などの一文が除外され、「非平和的手段」、すなわち、武力行使のハードルを以前より高く設定した。一方で、ソフトな政策については、第六条において両岸の人的交流と経済交流を奨励し、両岸関係を進展させていくと記載するとともに、第七条において「両岸の平等な話し合いと協議を通じて平和統一を達成する」と定め、協議と交渉による解決を提示した。

民進党は中国政府が制定した「反国家分裂法」に対して、「両岸の現状を変更して台湾海峡の平和を破壊する戦争法」と非難する声明を発表した。その一方で、三月二十八日に国民党副主席の江丙坤が率いる国民党代表団は訪中して中国共産党中央台湾工作弁公室主任の陳雲林と会見した後、国共両党は十項目に関する合意を発表した（①両岸間のチャーター便を定期化し、発着地の増加と搭乗対象の拡大を図る。②台湾農産品の大陸への販売問題を速やかに解決し、中国側は通関・検疫・物流などで優遇措置を実施する。③両岸の農業協力を強化する。中国側は台湾農民が中国大陸で創業することを歓迎する。④中国側は互恵互利の原則で台湾商人の投資権益を保護する民間レベルの協議を行なうことに賛成する。⑤中国側は中国人が台湾へ観光旅行に行けるよう積極的に準備を行う。また、中国側は中国人の台湾旅行を可能にする状況を作り出すことを希望する。⑥金融、保健、運輸、医療などのサービス業において両岸の協力を推進する。⑦民間レベルにおける意思疎通を通じて、両岸のメディア特派員の常駐化を促進し、両岸の新聞交流を強化する。⑧中国側は台湾への漁業労働者の派遣再開を考えている。民間組織を通じて、漁業労働者の保険、賃金、苦情処理制度、休憩場所などについて、迅速に意思疎通を図って問題を処理する。⑨両岸の県市、郷鎮レベルの交流を促進して長期的な交流の枠組みを建立する。⑩中国側は早期に台湾人学生の学費を中国人学生の学費と同じ額に引き下げる用意があり、また台湾人学生への奨学金提供の用意もある）。翌四月下旬には、国民党主席の連戦が訪中して北京で胡錦濤と六十年ぶりの国共両党のトップ会談を行い、「九二共識」の堅持、台湾独立の反対、両岸和平の追求、両岸交渉の再開、両岸交流の促進を確認し合うとともに、国民党と共産党による「国共プラットフォーム」と称する政党間の交流と協力パイプが設立された。このパイプは与党民進党の頭越しに、国共両党が協議を行い、中国大陸に輸入される台湾産農産物の恵台措置（台湾を優遇する措置）や国共両党の県市レベルにおける交流などを通じて、中台関係を改善させる主導権を握り始めた。

国共両党の接近に翻弄された陳水扁総統は国共連携に対抗するため、二〇〇六年の「元旦談話」において、二〇〇五年台湾の対外投資のうち、対中投資は七〇％以上を占め、台湾製造業の海外生産拠点が中国に集中し過ぎていることに危機感を抱き、投資案件審査の管理を強化して対中投資を引き締めるために、二〇〇一年に提示した「積極開放、有効管理」政策を「積極管理、有効開放」政策に改めた。さらに同年二月、陳水扁総統は李登輝政権の下で十五年間運営され、二〇〇〇年五月の総統就任演説で廃止しないとしていた「国家統一委員会」と「国家統一綱領」を、中国政府が「反国家分裂法」を制定したことを理由に終止すると発表した。しかし、米国政府は陳水扁総統が「国家統一委員会」と「国家統一綱領」を終止する意向を表明したことに対して強い懸念を表明した。胡錦涛は台湾に対する圧力のかけ方を直接的なものから「経美制台」という、中国の台湾問題に対する立場や懸念を米国経由で間接的に台湾へ伝達して圧力をかける戦略を取っていた。しかし、陳水扁政権は国際社会で台湾の外交的突破口を切り開くために二〇〇七年七月に初めて台湾名義で国連加盟を申請したこと、二〇〇八年三月の総統選挙に併せて国連加盟及び復帰に関する住民投票を実施したことが、米国政府からの大きな懸念を引き起こし、米台関係が悪化した。

5　馬英九政権時期

中台間の政治的な緊張関係が緩和されたのは、二〇〇八年の総統選挙で国民党の馬英九が当選して八年ぶりに政権を奪還してからである。馬英九総統は、二〇〇八年五月の総統就任演説において、中国との関係改善を図るために「統一せず、独立せず、武力を行使せず」という「三不政策」を主張して、「九二共識」に基づく中台間の協議再開を呼び掛けるとともに、「中国と相互信頼を築き、論争を棚上げし、相違点を留保しながら共通点を模索し、中台双方ともに利益を得る状況を作り出す」と述べ、中国との関係強化を強調した。

外交面において、馬英九総統は「外交休戦」と「活路外交」を提示して、中台双方が互いの外交関係を掘り崩すのを止め、国際社会で互いに助け合い、尊重し合うべきであると主張した。馬英九が提示した外交政策に対して、胡錦濤は公式に支持を表明していないが、台湾が国際機関に参加することを黙認した。例えば、二〇〇九年、台湾は「中華台北」の名義でＷＨＯにオブザーバーとして出席できるようになり、中台関係が安定した結果、各国は台湾との交流に意欲的になった。

馬英九総統は「政治より経済を優先し、困難な問題よりも簡単な問題を優先する」という方針に基づき、中台関係を改善させて経済交流を進展させた。二〇〇八年六月、中台間の協議は一九九八年以降十年間に亘って休止状態にあった「海峡交流基金会」と「海峡両岸関係協会」のトップ会談が再開され、中台間の交流が加速する中で、同年十二月に中台間の本格的な三通（通航、通商、通郵）が実現した。馬英九政権時期、「海峡交流基金会」と「海峡両岸関係協会」は「九二共識」の下で協議を行い、観光、航空輸送、海上輸送、郵便、食品安全、金融協力、農産物の検疫など二十以上の協定に調印した。台湾は大陸資本による台湾投資を開放するとともに、中国は台湾産果物の免税など恵台措置を実施した。とりわけ、二〇〇八年十二月に本格的な「三通」が開始したことに伴い、空運における中台間の人的交流は飛躍的に発展した。「海峡交流基金会」と「海峡両岸関係協会」は段階的な協議を通じて空運を増加させた結果、二〇〇八年七月に週末三六往復で運航を開始した直航チャーター便を、二〇〇九年八月に定期直航便に格上げして運航便数を増便させた後、中台間の人的往来は急速に拡大し、二〇一三年三月には週六百便以上に増便された。空運の大幅増便に伴い、多くの中国人が訪台して、二〇一四年から二〇一五年にかけて訪台者総数のうち中国人が四〇％以上を占めた。

二〇〇八年総統選挙で国民党が政権の座に返り咲いたことで、胡錦涛は中台関係をさらに発展させて次の段階へ進むために、同年十二月三十一日に「台湾同胞に告げる書」三十周年の記念座談会で演説し、次の六項目の台湾政策（所謂「胡六点」）を提示した。①「一つの中国」原則を遵守し、政治的な相互信頼を強化させる。②経済協力を推進して、共同発展を促進させる。③中華文化を発揚して、精神的な絆を強化させる。④人的な往来を強化し、各界の交流を拡大させる。⑤国家主権を守り、対外事務を協議する。⑥敵対状態を終結させ、和平協議を締結する。この中で、胡錦涛は中台関係の協議を経済分野だけにとどまらず、将来の統一問題を視野に入れた政治問題についても協議したいという意向を示した。

二〇〇八年に全面的な「三通」が実現し、「胡六点」を発表した後、海峡交流基金会と海峡両岸関係協会は主に経済に関する各種協定を調印し、二〇一〇年六月に「両岸経済協力枠組協定」を調印した。同協定は中台間における実質「自由貿易協定」に相当する経済協力の枠組みであり、同協定を締結したことにより、中台間の経済交流は一層加速した。

二〇一三年六月、中台双方は「両岸経済協力枠組協定」に基づいて、サービス分野における自由化を目指す「両岸サービス貿易協定」が調印した。同協定は中台双方がマスメディア、医療、金融、娯楽産業など幅広いサービス産業市場へ参加することを可能にするものである。しかし、多くの台湾人は同協定が調印されたことにより、サービス業関連の中国企業が台湾に進出することに強い警戒心を抱き、とりわけ中国の巨大銀行の台湾進出による台湾の金融機関圧迫や中国資本のマスメディアが台湾に参入することで台湾における言論の自由やプライバシーが脅かされること、国家機密の漏洩などを危惧する声が高まった。台湾人の懸念が広まる中で、馬英九総統は同協定の発効を急いだため、同協定の詳細を台湾の民衆に明らかにせず、立法院で同協定の交渉経過や内容が十分に議論されないまま二〇一四年三月十八日に強行採決に踏み切った。この結果、同協定に反対して抗議活動を行っていた大学生たちが立法院へ突入して占拠する事態が発生した。所謂「ひまわり学生運動」である。学生運動は世論から支持され、数十万人に及ぶ台湾人が抗議活動に参加して、同協定の撤回を要求した。「両岸サービス貿易協定」は立法院を占拠した「ひまわり学生運動」参加者によって立法院での批准並びに発効を阻止された。また、「ひまわり学生運動」の成功と台湾アイデンティティの高まりにより、中台間の経済統合の深化に対して多くの台湾人が反発した。

二〇一三年十月、インドネシアのバリ島で開催された第二十一回アジア太平洋経済協力会議（APEC）において、台湾の対中国関係事務を管轄する大陸委員会主任委員の王郁琦は、中国の対台湾関係事務を管轄する国務院台湾事務弁公室主任の張志軍と会談を行った。このとき、張志軍が両岸同胞のために交流と意思疎通を強化して両岸関係の平和的発展を促進すべきであると述べると、王郁琦は張志軍との相互訪問を実現させたい旨を表明し、張志軍もこれに賛同した。これまで中台間の交流は「海峡交流基金会」と「海峡両岸関係協会」の民間窓口機関を通じて実施されてきたので、この会談は一九四九年の中台分断以来初の政府間の閣僚級会談であった。

二〇一四年二月、大陸委員会主任委員の王郁琦は訪中して国務院台湾事務弁公室主任の張志軍と公式会談が実現し、中台間の対話メカニズムや首脳会談について協議した。しかし、中台間の実務的な進展はなく、また、この会談を巡り、将来の統一を睨んだ政治対話の第一歩と位置付けたい中国側の思惑と、政治対話は受け入れない台湾側の立場に大きな隔たりがあった。その後、二〇一四年三月に発生した「ひまわり学生運動」により、馬英九政権下で良好であった中台間の交流に軋轢が生じ始めた。「ひまわり学生運動」終了後の二〇一四年六月、張志軍は訪台して王郁琦と二回目の公式会談を行った後、国民党籍の朱立倫・新北市長、胡志強・台中市長、民進党籍の陳菊・高雄市長など地方首長と会談したほか、若者の声や考え方を理解するために義守大学に赴き、中台双方の学生たちと交流した。しかし、台湾各地で民衆の激しい抗議活動が発生したため、張志軍は当初予定していたスケジュールの大幅変更を余儀なくされ、帰国を早める事態になった。

「ひまわり学生運動」後、台湾社会では反中感情が高まるとともに、多くの台湾の人々は国民党が堅持する「九二共識」に対して疑念を抱き始めたため、二〇一四年の統一地方選挙において国民党は歴史的な惨敗を喫した。二〇一六年一月に総統選挙戦が控える状況の下で、民進党は世論調査で二〇一四年の統一地方選挙で勝利した勢いに乗じて支持率を高める一方、国民党は支持率が低迷し続けた。

二〇一五年十一月、シンガポールにおいて習近平と馬英九が会談した。この会談は一九四九年に中台が分治となって以来、六十六年という長い歳月を経て双方の首脳が初めての会談であったが、中台関係の進展に大きな成果を齎すことはなかった。結局、二〇一六年一月の総統選挙で国民党が大敗を喫し、民進党総統候補の蔡英文が高得票で当選して、中台関係は再び新たな時代を迎えることになった。

6　蔡英文政権時期

二〇一六年一月、蔡英文は総統選挙に勝利して、台湾で三度目となる政権交代が実現するとともに、民進党は立法院において初めて単独過半数を得た。この結果、民進党は行政院と立法院を掌握したため、蔡英文政権は安定した政権基盤をもってスタートした。

この選挙結果を受けて、習近平は二〇一六年三月上旬に「我々の台湾に対する政治的方針は、台湾の政局変化によって変わることはない。「九二共識」という政治的基礎を堅持して、両岸関係の平和的発展を引き続き推進する」と述べ、蔡英文に対して「九二共識」の歴史的事実を認め、両岸はともに「一つの中国」に属するという核心的含意に同意すれば、両岸関係は共通の政治的基礎の上に、良好な交流を保つことができる」と主張した。その一方で、習近平は「我々は如何なる形式による台湾独立の分裂行為をも断固として抑制し、国家主権と領土保全を守り、国家分裂の歴史的悲劇を決して繰り返させない。我々は両岸の経済的・社会的分野における交流と協力を引き続き推進し、融合的な発展を深化させる」と述べた。つまり、習近平は「九二共識」の受け入れが中台関係の対話と交流を継続させる政治的基礎であると主張し、蔡英文に「九二共識」、「一つの中国」原則、「両岸は国と国の関係ではない」という文言を総統就任演説で言及するように迫ったのである。

これに対して、蔡英文は二〇一六年五月の総統就任演説で中台関係について次のように言及した。「一九九二年に両岸の両会（海峡交流基金会と海峡両岸関係協会）が相互理解と求同存異の政治的姿勢を堅持し、意思疎通の話し合いを行い、若干の共通の認知と了解に達している、私はこの歴史的事実を尊重する。一九九二年以降、二十年余りの双方の交流と協議の積み重ねで形成された現状と成果を、両岸はともに大切にし、守っていくべきであり、この既存の事実と政治的基礎の上に、引き続き両岸関係の平和的な安定と発展を推進する。新政権は中華民国憲法、両岸人民関係条例及びその他関連法に基づき、両岸の実務を処理する。両岸の二つの執政党は歴史の重荷を下ろし、良性的な対話を行い、両岸の人々に幸福を作り出すべきである。私が述べた既存の政治的基礎は、次の点で重要な要素が含まれる。①一九九二年の両岸両会会談の歴史的事実と求同存異の共通の認識は歴史的事実であること。②中華民国が施行している現行憲政体制。③両岸の過去二十数年間に亘る話し合いと交流の成果。④台湾の民主主義の原則と普遍的民意である。

蔡英文総統が就任演説で示した中台関係に対する姿勢は、「既存の政治的基礎」に基づいて両岸関係を促進させ、台湾独立でも中国との統一でもない現状維持を中台関係の基本方針とする立場を示し、現行の中華民国憲政体制に基づき、中台関係を促進させる方針を述べた。

また、蔡英文は二〇一六年十月の国慶節の祝賀式典において演説を行い、「新政府は中華民国憲法、両岸人民関係条例及びその他の関連法律に基づき両岸事務を処理する。一九九二年の両岸会談の歴史的事実を尊重し、その後の二十数年の交流で蓄積された現状と成果を尊重し、既存の政治的基礎の上に、両岸関係の平和で安定した発展を引き続き推進したい」と述べ、総統就任演説で述べた主張を繰り返し述べた。さらに、蔡英文は馬英九政権の「九二共識」に代わる「四不原則」を提示した。「四不原則」とは、①我々の承諾は変わらない。②我々の善意は変わらない。③我々は圧力に屈しない。④中国と対抗する過去の路線に戻ることはない。蔡英文総統は中国に対して「中華民国が存在している事実を正視し、台湾人が民主制度を堅く信じていることを理解すべきであり、両岸は迅速に対話を行い、両岸の平和と発展、両岸人民の福祉に有利な議題であれば如何なる議題でも対話できる」と主張して、中国との対話再開を呼び掛けた。

しかし、中国は蔡英文が行った就任演説に対して、「両岸関係の性質という根本的問題に対して曖昧な態度を採り、「九二共識」とその核心的意味を明確に認識せずに、両岸関係の平和的かつ安定した発展を確保するための具体的な措置が言及されていない」と指摘し、蔡英文の演説を「不完全な答案」と評して、不満を表明した。二〇一六年六月下旬、中国は「九二共識」が中台間における連絡と交渉の基礎であるが、しかし、蔡英文は「一つの中国」原則を体現する政治的基礎である「九二共識」を認めないことは現状変更を意味するものであるとして、中国の国務院台湾事務弁公室と台湾の行政院大陸委員会との連絡・意思疎通のメカニズム、及び中国の「海峡両岸関係協会」と台湾の「海峡両岸基金会」との協議・交渉メカニズムを凍結させた。この結果、中台双方は政府レベルと民間レベルでの対話と交流のチャネルが途絶えるとともに、馬英九政権時期に中国との間で醸成されていた相互信頼が失われ、両岸関係は停滞して険悪化した時代に入った。

二〇一六年十一月、習近平は孫文生誕百五十周年記念大会において「六個任何」（六つの如何なる、我々は、①如何なる人、②如何なる組織、③如何なる政党、④如何なる時に、⑤如何なる形式であっても、⑥中国の如何なる一かけらの領土も分離することを絶対に許さない）を提示し、台湾独立の分裂行為と外部勢力による台湾の干渉に対して「一切の国家を分裂させる活動は全中国人民が断固反対する」と述べた。

二〇一六年十二月二日、蔡英文総統と米国大統領選挙に勝利したトランプは電話会談を行い、米台間の緊密な経済、政治、安全保障などを確認した。これを機に、習近平は「硬的更硬、軟的更軟」（強硬に出るところは一層強硬に、柔軟な姿勢を見せるところは一層柔軟に）という策略を用いて台湾に対する圧力を強化した。

中国の台湾に対する強硬な政策は、外交面と軍事面において顕著である。中国の台湾に対する外交的圧力について、習近平は台湾の国際的な活動空間を抑圧する外交攻勢を展開し、台湾と外交関係を有する国交国に対して切り崩しを再開した。中国は蔡英文とトランプが電話会談した後の二〇一六年十二月二十六日に西アフリカのサントメ・プリンシペと外交関係を樹立した。二〇二四年五月に蔡英文が二期八年の総統任期期間が満了するまでの間、中国は台湾と外交関係を持つサントメ・プリンシペ、パナマ、ドミニカ共和国、ブルキナ・ファソ、エルサルバドル、ソロモン諸島、キリバス、ニカラグア、ホンジュラス、ナウルの計十カ国と国交を樹立し、台湾承認国を二十二カ国から十二カ国に減少させた。また、蔡英文政権誕生後、台湾は国際機関への参加が相次いで阻まれ、中国は台湾が国際民間航空機関（ＩＣＡＯ）や国際刑事警察機構（ＩＣＰＯ）、ＷＨＯなどの総会に参加することを阻止して、台湾の国際的な活動空間を縮小させる攻勢に転じた。

中国の台湾に対する外交攻勢は、中国と国交を持ち、且つ台湾代表処などを設置する国に対しても行われ、中国は「一つの中国」原則を主張して名称変更などを要求した。アルジェリア、アラブ首長国連邦、バーレーン、ヨルダン、エクアドル、フィジーは中国の要求を受けて台湾在外事務所の名称を「中華民国」や「台湾」から「台北」に改名させた。さらに、習近平は民間企業に対して「一つの中国」原則を求めることとし、二〇一八年四月、中国の航空行政を管轄する中国民用航空局は、海外の航空会社四十四社に対して「一つの中国」原則に反する表記を正すように要求し、変更しない場合は法的な処罰を含む対応を行うと警告した。つまり、各航空会社の自社予約サイトにおいて「台湾」（Taiwan）の表記を「中国台湾」（Taiwan, China）などに表記を変更するように要求したのである。二〇二〇年五月、台湾外交部は同年四月六日までに海外の航空会社のうち、二十二社が中国の通達を受けて台湾に「中国」とつけて表記した一方で、三十九社が表記を変更していないことを明らかにした。日本に至っては、日本航空と全日空は中国から通達を受けた後、対応措置として、中国・韓国・台湾を東アジアという地域で一括りにして、「台北」（Taipei）や「高雄」（Kaohsiung）など都市名のみを表記する方式を取った。

軍事的圧力については、トランプは蔡英文と電話会談を行った後の二〇一六年十二月十一日、FOXニュースのインタビューで「なぜ『一つの中国』の政策に縛られなくてはならないのか」と従来の米国の中国政策に疑問を投げ掛け、「維持していくか否かは中国の対応次第である」と述べ、米国が長年維持してきた「一つの中国」政策を必ずしも遵守するつもりはないことを示唆した。中国はこのトランプ発言に対して強い懸念を表明し、中国政府の意向を示す「環球時報」は十一月十五日にトランプが将来中国を脅迫する交渉材料として「一つの中国」政策を利用する可能性があると指摘し、中国政府に台湾政策の再策定を促して、軍事闘争を選択肢の一つとして、必要に応じて中国空軍は台湾海峡中間線を突破して台湾上空を通過できるようにすべきであると主張した。

二〇一六年十二月末、中国海軍の空母「遼寧」を中心とする空母艦隊が宮古海峡を通過して初めて太平洋に進出した後、台湾とフィリピンの間のバシー海峡を通過して南シナ海に入り、艦載機の軍事訓練を行った。これを機に、二〇一七年以降人民解放軍の軍用機や軍艦は台湾周辺で定期的に軍事訓練を実施するようになり、中国軍機は台湾近海上空を複数回飛行し、空母「遼寧」も数回に亘って台湾海峡を通過するなど、台湾に対する軍事的圧力を増大させた。二〇一九年に至ると、人民解放軍の軍用機が「台湾の防空識別圏（Air Defense Identification Zone; ADIZ）」に侵入する件数を増加させ、台湾国防部が発表した統計によると、「台湾の防空識別圏」に侵入した中国軍用機の件数は二〇二〇年に三百八十機、二〇二一年に九百六十機、二〇二二年に千七百二十七機、二〇二三年は千七百九機であった。二〇二〇年九月、米国国務省クラック次官が李登輝元総統の告別式に出席するために訪台した時、中国の軍用機は九月十八日と十九日の二日間で合計三十七機が「台湾の防空識別圏」に侵入した。また、二〇二二年八月、米国下院議長のペロシが訪台した時に至っては、延べ四百二十二機の中国軍用機が「台湾の防空識別圏」に侵入した。中国は蔡英文が「台湾独立」を想起させる台湾の政治外交活動や米台関係が深化したことに対して不満を示すため、台湾に対して軍事的威圧を強めたのである。

一方で、習近平が繰り出した台湾に対する柔軟政策は恵台政策であり、台湾人への優遇政策を以て蔡英文に揺さぶりをかけた。二〇一七年十月十八日、習近平は第一九回中国共産党大会において、次のように発言した。

両岸同胞は運命を共にする骨肉の兄弟であり、血は水よりも濃い一つの家族である。我々は「両岸は一つの家族」との理念を持ち、台湾の現有の社会制度や台湾同胞の生活様式を尊重し、率先して台湾同胞に大陸での発展のチャンスが分け与えられることを願っている。我々は両岸の経済文化交流協力を拡大し、互恵と相互利益を実現し、台湾同胞が大陸で学習、創業、就業、生活において、大陸同胞と同等の待遇を提供できるようにし、台湾同胞の福祉を増進する。我々は両岸同胞がともに中華文化を広めることを推進し、心を重ねることを促進する。

その後、二〇一八年二月二十八日、国務院台湾事務弁公室が発表した「台湾に対する三一項目の優遇措置」は大きく分けると、「投資や経済協力の領域で台湾企業に中国企業と同等の優遇を与える」十二項目と「医療・教育・文化・映像産業・芸術などの分野で高度な専門職の人材を幅広く受け入れる」十九項目から構成されている。前者は主に中国に進出する台湾企業への税制面の優遇措置や従来制限されていた国家プロジェクトやインフラ整備などへの参入を認める内容であり、後者は大学教員や医師などに就業促進策を行うほか、台湾の青年層に対しては、中国で就学する者に対して奨学金を提供し、中国で起業する者には資金援助を行い、中国で就活する者についてはインターンの機会を提供する内容である。つまり、中国に進出する台湾企業や台湾商人、中国で就学や就職する台湾の青年層、専門職の人材などにターゲットを絞り、多くの台湾の人材を中国大陸へ吸い上げることを強調した内容である。「恵台三十一条」発表時、台湾で二十歳代前半の失業率が一〇％を超え、大卒初任給が二十年前を下回る金額であったため、二十歳代で中国に就学や就職を希望する者が四〇％を超えていた。

二〇一八年八月、中国政府は「香港・マカオ・台湾住民の居住証申請弁法」を制定した。居住証を保有する香港・マカオ・台湾住民は、基本的に居住地で中国人と同様の公共サービスと利便性を享受できるようになり、中国本土において「三つの権利」（①中国本土の居住地での就労、②社会保険の加入、③住宅積立金に加入して支払・引き出し・使用が可能）、「六つの基本的な公共サービス」（①義務教育、②公共就業サービス、③公共衛生サービス、④公共文化スポーツサービス、⑤法的支援、⑥その他の公共サービス）、「九つの円滑化措置」（①国内線、鉄道など交通機関の搭乗、②ホテルへの宿泊、③銀行・保険・証券・先物など金融業務の手続き、④中国人と同等の待遇で買物、公園及び各種文化・スポーツ施設のチケット購入、⑤自動車登録手続き、⑥自動車運転免許証の取得申請、⑦職業資格試験の受験申込みと職業資格の授与申請、⑧出生登記、⑨その他の円滑化措置）を享受できるようになった。

申請条件は、香港・マカオ・台湾住民が中国本土に半年以上居住しており、合法的に就業している、合法かつ安定した住所を有する、大学などに連続して通学中である、のいずれかの条件を満たさなければならず、また、申請は「本人の意志に基づく」としている。居住証の申請は必要項目を記載するほか、指紋情報、有効期限、発行回数及び出入境証書番号が記載される。

二〇一九年一月二日、米中国交正常化を行った日に発表した「台湾同胞に告げる書」の四十周年を記念して習近平が台湾問題に関する重要演説を発表し、五つの要点を提起した。①手を携えて民族の復興を推進し、平和統一の目標を実現する。②「一国二制度」の台湾方案を模索し、平和統一の実践を豊かなものにする。③「一つの中国」原則を堅持し、平和統一の将来を守る。④両岸の融合的発展を深化し、平和統一の基礎を固める。⑤同胞の心を一致させ、平和統一への一体感を増進する。習近平の重要講話について、特筆すべき点は「一国二制度」の台湾方案を提示し、「制度の違いは統一の障害ではなく、分離独立の口実でもない」と指摘し、台湾の各政党、団体と政治問題について対話と意思疎通を開始する意向を示したことである。また、習近平は「九二共識」の柔軟性の余地を排除し、「一つの中国」原則による統一のための「一国二制度」を前面に打ち出したことにより、国民党の「九二共識」に対する立場（一中各表、一つの中国はそれぞれ各々が述べ合う）を狭めることになった。つまり、習近平が発表した「台湾同胞に告げる書」は、「九二共識」は手段であり、「二制度」は目標であり、一国は目的であることを明示したのである。

二〇二〇年一月の総統選挙と立法委員選挙において、「抵中保台」を掲げた民進党が勝利し、蔡英文は総統選挙で最高の約八百十七万票を獲得して総統に再選された。二〇一八年十一月台湾の統一地方選挙で民進党は大敗していたため、蔡英文は再選が危ぶまれていた。それにも関わらず、蔡英文が勝利した要因は、これまで総統選挙では「統一」と「独立」を争点として争ってきたが、蔡英文は「統一独立論争」を「台湾の利益を守る」と主張する戦略に転換したことである。つまり、台湾の「統一」や「独立」については、有権者各々の考え方があるが、台湾の現在の利益を守ることに反対する台湾人は殆どいないためである。二〇一九年六月以降香港における「逃亡犯条例」問題を巡る大規模な抗議活動、中国で発生した「アフリカ豚コレラ」の流行が台湾に波及する恐れがあった時、大多数の台湾人は中国の脅威を徹底的に認識し、蔡英文が「台湾の利益を守る」路線を堅持したことで、民進党の支持率が上昇して、結果的に二〇二〇年の総統選挙と立法委員選挙で大きな成果を上げたものと思われる。

二〇二〇年一月、総統選投票の直後から中国で発生した新型コロナウイルスは世界中に感染拡大し、世界の大多数の国に政治的、経済的損失を齎した。中国は新型コロナウイルスの蔓延を許し、WHOへの情報伝達を故意に操作したと疑われたため、多くの国は中国の政治的な行動に対して疑念を抱いた。その一方で、台湾は国益を守るため、新型コロナウイルスに対して早期の段階から徹底した防疫対策を取り、「ゼロコロナ」政策を取ることで感染拡大を抑え込み、「世界の模範」と称された。

二〇二〇年五月、蔡英文は総統就任演説において、「平和（中国は台湾に対する武力威嚇を放棄しなければならない）、互恵（中台双方は相手側の存在を否定しないこと）、民主（台湾の前途は台湾の二千三百万人が決める）、対話（中台双方は今後の関係発展についてじっくりと話し合うことができる）の八文字が中台関係の積極的な交流の再開と長期に亘る安定的な発展への鍵であると」述べた。また、二〇二一年十月の国慶節において、蔡英文は「四つの堅持」（①自由民主の憲政体制を堅持する、②中華民国と中華人民共和国は互いに隷属しないことを堅持する、③主権の不可侵性と不併合を堅持する、④中華民国台湾の前途を堅持するには、全ての台湾の人々の意思に従わなければならない）を表明し、中国に中華民国台湾が存在している事実を直視させようとした。

第二期蔡英文政権は、新型コロナウイスの感染拡大、習近平の再選など国際社会が中国の実情を深く理解した時期に政権運営を行い、中国の圧力に立ち向かったことにより、多数の国から台湾に対する認識と支持を得て高く評価されることになった。とりわけ、蔡英文政権時期、各国は中国が台湾への武力威嚇と台湾海峡における紛争が齎す世界的な影響を認識するようになったため、台湾問題は世界の安全保障問題として認識されるようになった。

習近平は二〇二二年十月の第二十回中国共産党大会において、台湾問題に関する新時代の党の政策を断固として実行し、祖国統一の大事業を揺るぎなく推進する。台湾問題の解決は中国人自身の課題であり、中国人が決定しなければならない。しかし、武力行使を放棄するとは決して約束せず、あらゆる必要な措置を講じる選択肢を留保する」と述べた。これに加えて武力行使の不放棄は、外部勢力と極少数の台湾独立分子を対象としたものであり、広範な台湾同胞を対象とした手段ではないと強調した。習近平が発表した内容を纏めると、第一は、台湾独立の主張に対するメッセージであり、分離独立に反対し、祖国統一を完成するという中国の確固たる決意を強調した。第二に、台湾問題は中国人自身の問題であり、中国人が決定するため、米国など外部勢力の介入に反対する。第三に、台湾問題を解決する方法は平和的統一が最優先の選択肢であるが、武力行使の放棄は約束しないことを強調している。最後は、外部勢力と極少数の台湾独立分子を台湾同胞から切り離し、台湾に対して武力行使された場合に備えてるとして別個に扱っている。しかし、現実の台湾の民意は、台湾の独立もしくは現状維持を求める者が八割であって、中国との統一を求める者が極少数である。

過去の中国の台湾政策と比較すると、第二十回党大会の台湾政策の内容は基本的に大きな変更点はない。例えば、「平和的統一」と「一国二制度」は台湾政策の基調である。台湾問題を解決するために武力行使を放棄しない方針は、一九八〇年代鄧小平によって確立されたものである。「一つの中国」原則を堅持し、台湾独立に反対することは、一九九五年一月に江沢民が打ち出した「江八点」の中に明記されており、「中国は「一つの中国」原則を堅持し、「二つの中国」と「一中一台」に反対すると記述されていた。また、二〇〇五年三月胡錦濤が発表した「胡四点」の中にも記述されており、二〇〇五年三月の全人大で可決された「反国家分裂法」においても中国が台湾独立に反対する決意を法的に示している。「九二共識」を堅持する姿勢は、胡錦濤が第一八回中国共産党大会の政治活動報告おいて、また、習近平が第一九回中国共産党大会の政治活動報告において述べている。中台関係の人的交流と経済交流の強化については、胡錦濤が二〇〇八年十二月に発表した「胡六点」の中に盛り込まれ、習近平政権発足後も「恵台政策」の中で実行されてきた。

一方、習近平以前の指導者の台湾政策との違いは次の通りである。第一に、二〇二一年七月中国共産党創立百周年記念式典の演説において習近平は台湾政策に言及し、「如何なる人も中国人民の国家主権と領土保全を守る強い決意、確固たる意志、強力な能力を過小評価してはならない」と強い口調で述べたことを継続し、習近平は第二十回党大会の口頭報告において「祖国の完全な統一は必ず実現しなければならず、必ず実現できる」と強調し、領土主権を守り、統一を成し遂げる強い態度と決意を強調した。第二に、習近平は「台湾問題の解決は中国人の問題であり、中国人民が決定しなければならない」と述べ、「武力行使を放棄しない」対象の一つが「外部勢力による干渉」であると明言した。これらの一文は、二〇一八年八月に中国が発行した台湾白書と同様の脈絡であり、二〇二二年八月の米国下院議長ペロシの訪台に対して、米国の台湾問題への関与と米国の台湾支援に対する中国の強い不満を表明していた。第三に、二〇二二年八月に発布された台湾白書の中で「両岸関係における指導力と主導権をしっかりと把握し、台湾海峡の平和と安定を力強く守り、祖国統一のプロセスをしっかりと推し進める」と明記している。これを踏まえて、習近平は第二十回中国共産党大会の報告において「両岸関係における指導力と主導権をしっかりと把握し、祖国統一の大義を断固として推し進める」と言及し、中国が台湾問題の発展を主導する意向を強調している。第四に、習近平の報告は「祖国の完全統一の実現」を「中華民族の偉大な復興のための必然的要件」と指摘している。台湾問題の解決を習近平政権発足後に提唱した「中華民族の偉大な復興」や「中国の夢」と結びつけることにより、習近平時代における台湾政策の独特な理論と論述を構成している。

以上のように、習近平の第二十回中国共産党大会における台湾政策の報告は、全体的な方向性としてはこれまでの台湾政策と一致している。例えば、「一国二制度、平和統一」や「武力行使を放棄しない」などである。しかし、その他の箇所においては、習近平の個人的な考えに沿った要素が加えられ、台湾海峡の現状に対応できるようにしている。例えば、祖国統一の完成は「中華民族の偉大な復興のための必然的要件」や「外部勢力の干渉に反対する」ことであり、この祖国統一を完成させる固い決意で両岸関係の主導権を握ろうとしているのである。

参考文献

呉瑟致主編『新常態下的両岸関係研究』新北市、新文京開発出版股份有限公司、二〇二四年二月。
過子庸著『中国大陸研究概論』台北、五南図書出版股份有限公司、二〇二三年七月。
趙建民主編『大陸研究与両岸関係』晶典文化事業出版社、新北、二〇二三年二月。
郭瑞華「両岸関係発展史」、王信賢・寇健文主編『中国大陸概論』台北、五南図書出版股份有限公司、二〇二一年九月。
中国共産党与祖国統一編寫組編著『中国共産党与祖国統一』北京、九州出版社、二〇二一年九月。

第二章　中台関係の展開——「一つの中国」の同床異夢

平成国際大学副学長　浅野和生

国共内戦と金門島の砲撃戦

第二次世界大戦以後、国共内戦で中国各地で蒋介石の国民政府軍と毛沢東の中国共産党人民解放軍との戦闘が継続していた期間はもちろんのこと、その後も一九五八年八月二十三日から数か月続いた金門島の砲撃戦、すなわち「八二三砲戦」その他何度かの戦闘が中台間では繰り広げられた。さらに、中国による金門島での「単打双不打方式」、すなわち奇数日は撃つ、偶数日は撃たないという不可解な小規模定期砲撃は、一九七八年十二月まで続いていた。これが最終的に撃ち止めとなったのは一九七八年十二月十六日のことである。

十二月十五日に、カーター政権のアメリカと鄧小平の中国との間で、翌年、一九七九年一月一日をもって米中国交正常化を果たすことが発表された。その見返りに、砲撃が終結となった。国共内戦開始の一九四六年から実に三十四年後のことである。

砲撃が続いている以上、中国と台湾は戦闘状態だから、通常のかたちの人的往来や物資の交易が中台間で進められるはずがなかった。そもそも蒋介石時代には、台湾の国家目標が、「大陸反攻、復興中華」、すなわち中国大陸を攻め取って、中華民国を復興させることだった。このスローガンの看板は、総統府前の広場から、各学校の体育館まで、いたるところに掲げられていた。

蒋経国の対中政策

蔣介石は一九七五年に亡くなって、その息子の蔣経国時代となったが、蔣経国総統の対中国大陸政策は、一九八一年一月二十六日、国軍軍事会議での総統講話に明示されている（小谷豪治郎『蔣経国伝』プレジデント社　一九九〇年　二八二～二九五頁参照）。そこに「三不政策」も出てくる。

第一に、中国共産党は、平和交渉を呼び掛けてきても、それは政治戦、心理戦、宣伝戦の一部であり、交渉に名を借りた政治的な爆弾とも言える。これによって、台湾の人々の中国共産党と戦う決意を削ぎ、台湾内部に矛盾と分裂を作り出すことで、台湾制圧を実現する環境をつくろうとするものである。したがって、台湾の国民党政府は中国共産党との交渉を絶対にしない。

第二に、中国の問題を真に解決するためには、中国大陸に三民主義を実行して、それによって中国を再建しなければならない。この時点では、中国とソ連とは対峙していたので、中国共産党は、一時的にアメリカなど民主国家との関係改善をはかっているが、国際政治のバランスが変わったり、ソ連と中国の関係に変化が起これば、中国は再び民主主義国家群と敵対する可能性がある。つまり、中国共産党を打倒しなければ中国問題の真の解決はない。

第三に、中国共産党による中国大陸支配を覆すには、人民の不満と反抗を起爆剤とする必要があるから、民心を味方につけなければならない。つまり、中国共産党の支配を打倒する主要な力は、大陸と台湾の中国人民である。

第四に、中国共産党の戦略としての和平交渉は、いわば台湾の人々に毒薬を飲ませて徐々に殺そうとするやり方である。これに対して、武力の行使は鋭利な刀で一息に殺そうとするものである。諸外国の中には、中国は内部に困難な課題を抱えているから武力行使はしないだろうという見方があるが、中国共産党は異常に好戦的で、冒険主義で運を開こうとする習性がある。つまり中国共産党は暴力主義者であり、鉄砲によってのみ問題が解決すると信じているのだ。

第五に、アメリカが台湾に精密な兵器を売ってくれるので、台湾の防衛能力は増強されている。中国に対して武器を売却せず、軍事力を強化させないことが、台湾海峡の安全と平和を確保するための効果的な方法である。

第六に、共産党の中国との通商、通航、通郵は、すべて中国共産党による台湾併合の謀略の一部としての和平工作の一環である。それにより、中国は台湾社会へ浸透し、破壊を容易にしようとするのだ。それゆえ、中国との通商、通航、通郵は行わない。

第七に、台湾以外のアメリカ、日本その他外国で活動していた台湾独立運動の組織及び活動については、事実上、中国共産党の在外機関および地下組織の支持と統制を受けていると考える。したがって、「台独」は中国共産党の手に握られた政治的手段の一つであると認識しなければならない。

第八に、台湾にある中華民国を含む民主国家が直面しているのは、ソ連という一つの共産主義国家なのではなく、民主国家とは全く異なる思想方式なのである。また、帝政ロシアからソ連に至るまで、いずれもが中国を支配下に置こうとしてきた事実がある。したがって、ソ連を利用して中国共産党を牽制するという幻想を抱き、そのために部屋の中に狼を引き入れるという、無限の災いを招いてはならない。国民党政府が、中国共産党と対峙するためにソ連と接触をもっているという情報はすべて中国共産党によるデマである。

以上のうち七番目の台湾独立運動についての蒋経国の認識は、いささか偏ったもので、事実ではない。当時アメリカや日本で展開されていた台湾独立運動は、民主化された台湾で政権交代により二〇〇〇年に成立した民進党政権下で、駐日代表を務めた羅福全氏や許世楷氏といった人々によって担われていが、彼らは民主主義の信奉者であって共産主義者でもそのシンパでもなかった。しかし、蒋経国総統は、この講話において、台湾独立運動は中国共産党の別動隊だと非難していた。

一九四五年に台湾を接収した中華民国・国民党政府は、やがて台湾でも一党支配を確立すると、戒厳令と動員戡乱時期臨時条款という非常時体制の下で、新たな政党の結成を禁止し、新たな新聞発行を認めず、国民党政府を批判する言論を封殺した。「台独」とされた人たちは、こうした中華民国体制を批判し、中華民国からの独立を主張するとともに、自由と民主主義を強く求めていたのである。

しかし蒋介石・蒋経国の国民党政府指導者からみれば民主化要求の「台独」は反政府組織であり、戦時体制にある中華民国の内部分裂を誘発する活動、つまりは中華民国という国家に対する破壊活動と認識されたかもしれない。

「探親」で開かれた中台間の扉

さて、蒋経国政権の末期、一九七八年七月十五日に戒厳令が解除となったが、この年に、蒋経国は、それまで公式には閉ざされていた台湾から大陸中国への扉を開く決断をした。

実は、この年の三月に立法院において、国民党の趙少康が国共内戦における中華民国国民政府軍の敗北に伴って台湾に移転していた、いわゆる「老兵」について、大陸への親族訪問を認める要求を提出した。しかし、これに対して、当時の行政院長（首相に相当）兪国華は、四月三日に、親族訪問による中台間の往来の開放に反対を表明し、外交部長（外務大臣に相当）の朱撫松も、台湾の民間と大陸との間で進めようとしている台湾海峡両岸の郵便と親族訪問の開放は現段階では考慮すべきではないと強調していた。

これに対して五月二十二日、民進党の台湾省議員であった游錫堃が、台湾省議会に「探親」を提案すると、台湾省国民党もこれに同調した。この間の四月十五日には、外省人返郷探親促進会が設立され、「老兵」の親族訪問解禁を求める運動を展開したので、街頭で衝突が発生していた。

そうこうするうちに七月十五日には戒厳令が解除になった。しかし、七月末になっても、交通部と内政部は新たに公布した「香港マカオ地区行き観光指南実施要点」において、「旅行業者は旅行客が大陸に入ることを手配しあるいは共助することを禁止する」と明白に規定して、台湾海峡両岸の人民の往来については厳しく規制していた。

ところで八月になると、政府は一般民衆の中国大陸への親族訪問開放について検討することにした。一方、外省人返郷探親促進会は、五回にわたって数万枚のチラシを作成して各地で配布し、「望郷の思い」を強調して「探親」の開放を迫る圧力を強めていった。

こうして蔣経国は十一月二日を期して「探親」名目での中国大陸訪問を認めた。ただし、このときには大陸に三親等以内の親族・姻族がいる者だけに許可するもので、指定の機関に登記してから認められる制度であった。

実は、それまでにも香港や日本経由で大陸に親族を尋ねる台湾の人々は少なくなかった。それが公認されたのである。ただし、「探親」は、現職の軍人、公務員には許可されず、しかも年に一回という制限が付されていた。

「探親」以後の中台間の人の移動

こうした事情を踏まえて交通部観光署発表の統計数字で、香港から台湾に入った人の数を確認すると、一九八八年当時の入国者は、年間二十万八百二十七人であった。これ以後も一九九七年まで十五万人から二十万人ほどで推移していて、大きな変動はない。

他方、「探親」が含まれる台湾から香港への出国者は、八八年が六十二万人で、八九年には八十一万人、九〇年に百二十四万人、九一年に百三十六万人と年を追う毎に増加して、「探親」だけではなく、台湾から中国を訪れる人々が増加した様子がうかがえる。

しかしながら、中台間における直航の停止は解除されなかった。台湾側の海峡交流基金会と中国側の海峡両岸関係協会の接触が始まった九二年、シンガポールで双方のトップ会談、すなわち辜振甫・

汪道涵会談が実現した九三年になっても直航は認められなかった。

今では、台湾の主要都市、北は台北市から桃園市、南は高雄市の各国際空港と、中国大陸では北は長春、瀋陽から北京、上海、南京、厦門、深圳、香港、重慶、海南島に至るまで各地の国際空港との間で、さまざまな航空会社の航空機がそれぞれ台湾海峡を越えて相互に直接に結びあっている。しかし、二〇〇八年以前には、台湾と大陸中国各地との間には定期便がなかった。台湾と大陸中国との直航便については、旧正月、すなわち春節のチャーター便がそれより少し前から認められたが、公式に直航が認められたのは二〇〇八年六月以後のことで、それも当初はチャーター便だったが、やがて定期便に置き換えられた。それゆえ、香港からの入国と、大陸中国から直接の入国を分けた統計が示されるのは二〇〇八年以後である。

しかし九〇年代には、香港その他経由での台湾と中国との間の人の往来が常態化し、台湾による中国での工場の建設、つまりは投資が増加して、その工場の稼働による中国製品の台湾への流入が拡大していた。

つまり、中台間の人の往来は、馬英九政権期に激増するが、それより前、陳水扁政権の末期には李登輝時代の三倍という上げ潮になっていた。

押し寄せる波はさらに勢いを増して、直航開始一年後の二〇〇九年には二百四十七万人とわずか一年で倍増した。さらに馬英九が政権二期目に突入した二〇一二年は五百六十九万人、一三年五百九十万人、政権最終年の二〇一五年には七百五十四万七千人あまりに到達して、今日までの最高

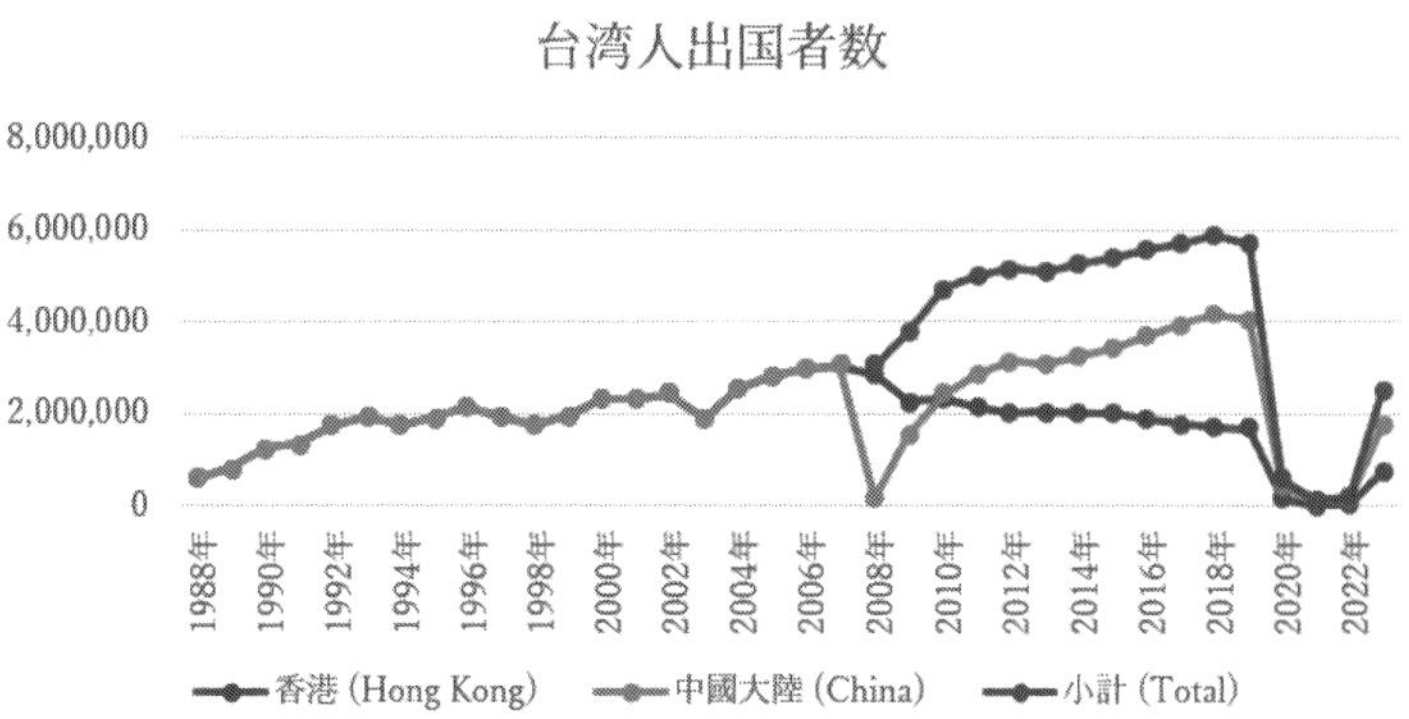

（表１）台湾の交通部観光署の資料から作成

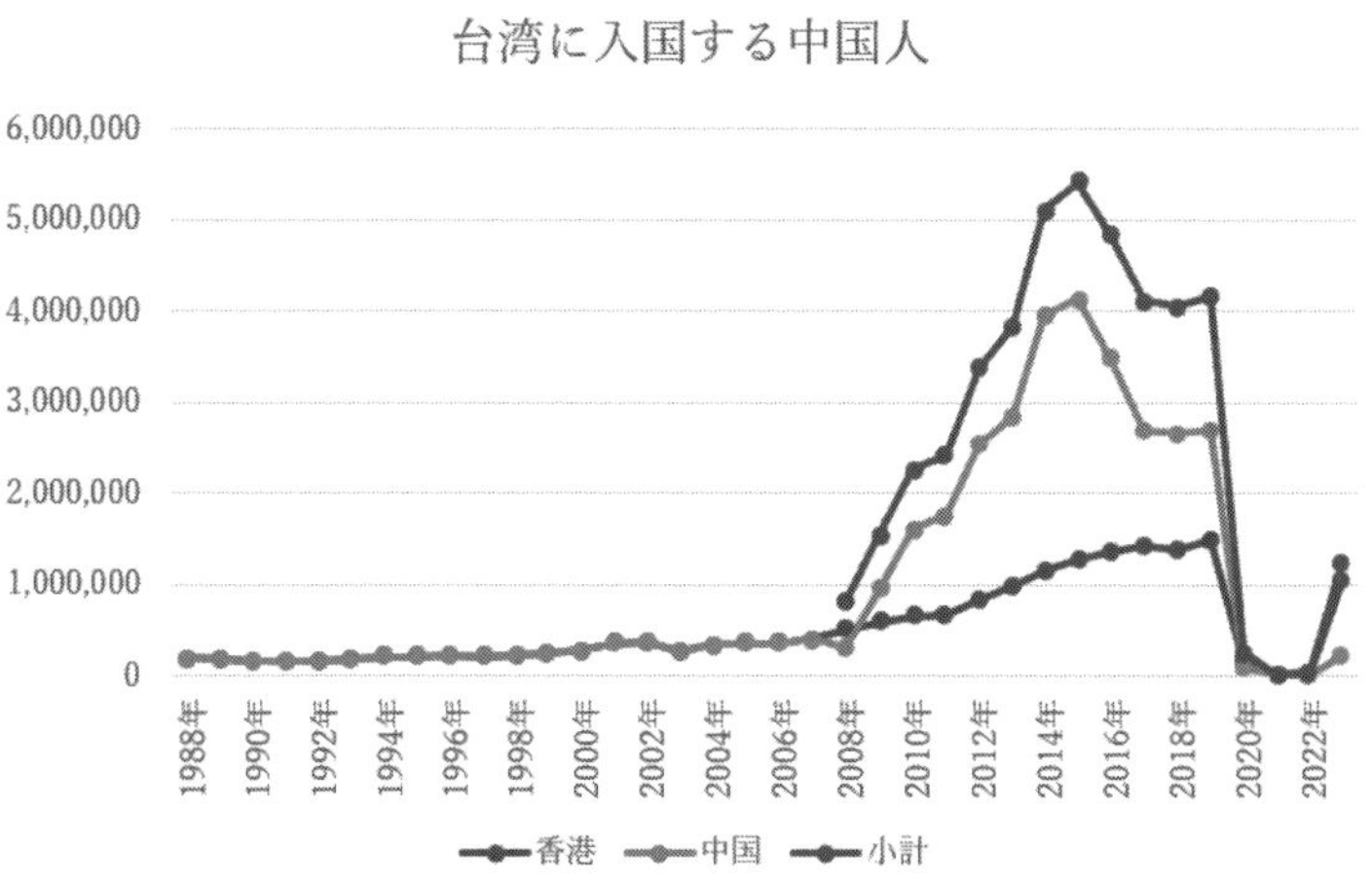

（表１）台湾の交通部観光署の資料から作成

記録となっている。

しかし、二〇二〇年に、新型コロナウイルス感染拡大のために台湾は二月から対中往来を閉ざしたので年間五十万人に激減し、一年を通じて通常の往来ができなかった二一年には年間十四万人、二二年も十九万人となっていたが、コロナ禍が明けた二三年に約百九十八万人と復調して今日にいたっている。

戦後間もない中台関係と台湾の共産主義運動

日本は台湾を一八九五年六月から一九四五年十月まで足掛け五十年余り統治した。

一九四五年、昭和二十年十月二十五日に台北市の中山堂で、日本の最後の台湾総督・安藤利吉が中華民国の台湾省行政長官・陳儀を前に降伏文書に署名して、日本は台湾の統治権を返上、主権も喪失した。このとき、日本はアメリカ、イギリス、中華民国、ソ連など連合国に対して降伏し、日本列島およびその付属の島嶼を除く地域の主権をすべて喪失した。

さて、日本敗戦後の中国では、一九四五年のうちから不穏な情勢が露見して、それが国共内戦への導火線となった。

国共内戦の結末として、一九四九年十月一日、中国共産党主席・毛沢東が北京の天安門において「中華人民共和国」の建国を宣言した。実際には、この時点で国民政府軍と中国共産党人民解放軍の戦闘は終結しておらず、海南島、厦門その他各地で、蔣介石側の必至の抵抗が続いていたのだが、国際政治場裡へのアピールとして毛沢東は建国を高らかに宣言した。

一九四九年十二月七日から、四川省成都にあった中華民国政府は台湾へ移転した。蔣介石、蔣経国の親子も、中国大陸を後にした。こうして迎えた一九五〇年の新年、台湾と中国は、硝煙立ち上る戦闘の余韻のなかにあったが、蔣介石の中華民国も、毛沢東の中華人民共和国も、このまま分断状況が七十年を超えて続くとは考えなかっただろう。しかし、六月二十五日の朝鮮戦争の勃発と、それに伴うアメリカ軍の台湾海峡への介入によって、大陸の中華人民共和国と、台湾の中華民国の分断は固定化され、今日にまで至っている。

ところで、中華人民共和国建国後の中国の対台湾政策は、一九八〇年代に至るまでに概ね三段階を経て展開された。その第一段階は一九四五年から一九五五年までで、特に四九年から「血洗台湾、武装解放台湾」というスローガンを打ち出した時期である。これは、それまでの中国大陸における国共内戦の延長上で、台湾内部に中国共産党と呼応する勢力を扶植して、革命活動に従事させて内部からの破壊活動を準備するとともに、台湾に追い込んだ国民党政府の中華民国を、武力で討滅しようという作戦だった。

もともと台湾にも共産主義思想をもつ少数の人々がいたし、日本留学で社会主義、共産主義思想に触れて、台湾の共産革命を目指して台湾に戻って、在地の活動家と交流をすることもあった。後に李登輝総統の腹心となり、対大陸政策や対日関係で活躍した曽永賢は、戦時中に台湾から日本にわたって早稲田大学で共産主義思想に触れて、台湾の社会主義革命を目指して帰台した一人である。他方、台湾在地の活動家の一人が謝雪紅であり、一九四六年から一九四七年にかけて台中で台中商業職業学校や台中師範学校の生徒や教師、復興小学校の教師などを集めて勉強会をしており、曽永賢はそこで謝雪紅と出会った。

他方、中国共産党は一九四五年の八月ないし十月には、延安での中国共産党幹部会議で、蔡孝乾を派遣して、中国共産党台湾省工作委員会を組織させることを決定した。その上で、閩南語（伯老語）を話せる、台湾の事情に詳しい人間を幹部として登用することとした。すなわち、嘉義出身の軍人であった張志忠が台湾に派遣されて武装部長となり、汕頭人の洪幼樵が宣伝部長、陳澤民が組織部長として、一九四六年三月から四月に台湾へやってきた。こうして一九四六年七月に、台湾省工作委員会が成立した。

この委員会は、先述の謝雪紅の組織と連携した。これに、日本統治時代からの農民運動からリクルートし、中国から自主的に台湾入りしていた共産党員も加わった。その中には、戦時中に広東で「東区服務隊」を組織していた邱念台や鍾浩東、黎明華、蕭道應、鍾蘚璋などがいた。「東区服務隊」は、邱念台が抗日戦争期に組織した遊撃隊のようなもので、数百人メンバーがいて、規模は大きかった。その後、鍾浩東は基隆中学校の校長に任じられ、同校は活動の根拠地となった。また、黎明華、蕭道應は中壢の義民中学で教員をしていた。とはいえ、二二八事件の頃までは、正式の共産党員数は七十人前後だったようだ。

四七年二月二十八日に、台北市内で闇たばこ売りの寡婦が、取締官に殴打され、所持金や売り物のタバコを取り上げられ、現場で取り巻いていた人々が抗議したところ、取締官が発砲し、無関係の通行人が殺される事案が発生すると、翌三月一日に国民党支配に反旗を翻して台湾の自治を求める市民の運動が台湾全土に燎原の火のごとく広がった。いわゆる二二八事件の勃発であったが、これと呼応して謝雪紅は「人民政府」を立ち上げ、「台中地区人民作戦本部」を構築するとともに、曽永賢らに「二七部隊」を結成させた。

一方、台湾の軍政を担当した台湾省行政長官兼警備総司令の陳儀が、中国大陸の蔣介石に打電して来援を仰いだ結果、大陸から台湾の反政府活動鎮圧のために十万人といわれる国民政府軍が台湾に派遣された。この軍隊が三月十二日ころには台北から台中へと南下してくる情勢となり、二七部隊などは台中から山間部の埔里へと撤退した。このとき、埔里の武徳殿に集まった人々は二百名を下らなかったという。曽永賢らは、謝雪紅と相談の上、退路を確保するためにさらに山間部へと探査に入った。しかし結局、数日を経ずして二七部隊らは壊滅させられてしまった。

謝雪紅は、この後に中国へ逃れ、台湾民主自治同盟を結成して初代主席に就任、一九五四年には中華人民共和国の全国人民代表大会に台湾省代表として参加した。中国共産党としては、台湾内部の農民、兵士、労働者、婦女、学生に働きかけ、共産党の工作に呼応させて、台湾島内の治安を不安定にさせ、社会秩序を破壊しようとしたものである。このほか、戦後まで日本に在留した台湾人の共産党シンパが、台湾に戻って組織拡大の地下工作に従事することもあった。いざ人民解放軍が台湾侵攻を発動する時には、内部から呼応させる計画だった。

台湾共産党の消滅

国民党政府は、二二八事件を共産党の扇動による、もしくは共産党が組織したものだと説明して援軍を求めたのだが、実際には当時の共産党にはそれほどの力はなかった。二二八事件以後に、共産党組織は拡大して、一九四七年末には三百人余りとなっていた。

なお、台湾共産党は、名義上は日本共産党の支部であったが、謝雪紅などは中国共産党からも指示を受けていたので、二重に指示を受けていたことになる。他方、台湾共産党は中央委員会を結成して、独立した組織の体をなしてもいた。

一九四七年末には、四八年までに二千名の党員と五万人の武装した群衆を獲得するようにという指示が、中国共産党の華東局からもたらされた。台湾省工作委員会としては、この目標達成のために必死に活動を活発化させることになった。このため、曽永賢らの地域では、台中一中や台中二中と台中師範学校などに組織をつくらせ、『光明報』という新聞を発行して、自転車の荷台に乗せて家に配ったり、その新聞を読む会を作った。しかし、こうした活動は、国民党政府の捜査機関に察知されてしまい、一九四九年以後には、台湾の地下共産党は急速に逮捕、壊滅されることになる。

また、中国共産党は、中国大陸で農地をもたない貧困層、いわゆる無産農民に働きかけ、このままでは努力しても貧困から抜け出せないから、地主を打倒して田畑を分けあう「地主打倒、田畑分配」の呼び掛けによって急速に組織を拡大した。この方式を台湾にも適応すべく指示されたが、台湾では、国民党政府の「三七五減租」と「公地放領」がその環境を無くしてしまった。すなわち、一九四九年から実施されたこの政策によって、台湾では小作料が三七・五％に抑えられることになり、一九五一年六月からは「公地放領」で、日本企業や日本人が所有していた土地を接収して、農地をもたない農民に分配した。これによって、台湾では中国共産党が農村において貧農の組織化を進めた条件が消滅して、地下共産党が農村で生き延びることができなくなった。

さらに、一九五三年から強制的に進められた「耕者有其田」政策によって、地主は自ら耕やす農地以外の所有を厳しく制限され、国民党政府が、残りの農地を徴用して農民に分配することによって地主層の経済力と社会的基盤を削ぎ落した。これによって、農民は農業による生活基盤を強化されたが、実は、こうした農村の地主層には、大陸からきた国民党政府に対する反発が強かったから、その勢力を弱めたこの政策は、国民党政府の安定強化にも一役買ったといわれている。

一九四九年六月に中国大陸で、中国共産党軍が揚子江を渡って南下すると、台湾省工作委員会は、七月に全島の党員と民衆を動員することを決定し、全面的宣伝攻勢を発動して「解放軍連携作戦」の準備を進めた。しかし、この宣伝攻勢は、国民党政府の情報機関による地下共産党摘発を誘発する結果となった。

こうして八月には、基隆中学校校長の鍾浩東のグループが逮捕され、それらと関係のあった党員はすべて山間、農村へ撤退することになった。さらに、張志忠も四九年十二月三十一日には逮捕され、銃器が没収された。調査機関側は、張志忠から各種情報を得ることに成功した。こうして国民党国防部の保密局による捜査、あるいは調査局の内偵と内通者を共産党組織に潜入させることによって、一九五〇年二月までには曽永賢らを含む、残存勢力を一網打尽にする準備に着手した。

実際には、その後も曽永賢らは山間部を転々として逃げ延びたため、全員の逮捕は一九五二年四月となった。

先述の一九五四年の第一次台湾海峡危機と一九五八年の八二三砲戦による第二次台湾海峡危機は、中国による武力攻撃の典型であるが、台湾内部でこれに呼応する有効な破壊工作は発生しなかった。以上のとおり、国民党政府による徹底した共産主義者掃討作戦で、山間部に潜伏していた活動家も一九五二年までには台湾内部で一掃されていたのである。

中国共産党による台湾平和統一路線

第二期は、一九五六年から一九六一年で、新たなスローガンは、「和平解放台湾」であった。一九五五年に北朝鮮による韓国への奇襲侵攻で始まった朝鮮戦争で、アメリカは台湾海峡に軍事力を展開し、海峡の中立化、すなわち中国共産党の人民解放軍による渡海、台湾侵攻を阻止ししようとした。この状態では、共産党軍は台湾への軍事侵攻を当面、諦めるしかないため、対台湾戦略の変更を余儀なくされたのである。

しかし、中国共産党は台湾併合を諦めず、周恩来は一九五五年四月にインドネシアのバンドンで開催された第一回アジア・アフリカ会議において、台湾の国民政府に対して「適当な斡旋者がいれば、中台問題解決のためにアメリカと直接話し合っても良い」と表明した。これは、中国による台湾「武力解放」から平和工作への戦略転換を反映したものである。翌五月に周恩来は「台湾解放には戦争方式と平和方式がある」と発言している。

その後、一九六〇年五月二十二日に開始された中国共産党政治局常務委員会において、中国の対台湾工作方針が確立された。この時、台湾をアメリカの手に渡すより、蔣介石、蔣経国親子の下に残す方が良いという認識で一致した。この頃のアメリカは、公式には蔣介石の中華民国を中国の正統政府と認めて「一つの中国」を原則とし、国連の安保理常任理事国としての中華民国を尊重していたが、台湾については法的には地位未定論があり、中国認識には「一つの中国・一つの台湾」「二つの中国」も存在していた。

一方、中華民国の蔣介石国民党と中華人民共和国の毛沢東共産党は、ともに「一つの中国」という原則について一致しており、この点において決して揺らぐことはなかった。

そうしたなか、中国共産党は台湾併合に向けた台湾への働きかけの新たな原則を考案する。それが六〇年代初頭に周恩来によって提出された「一綱四目」であった。

台湾は必ず中華人民共和国に統一するという原則そのものが「一綱」である。そのうえで、第一に、台湾統一後においても、外交権を除いて、台湾における軍政大権は蔣介石に任せること、第二に、台湾の軍事、政治、経済建設に必要な経費について、中国中央政府が補うこと、第三に、台湾の社会改革については、蔣介石の意見を尊重することとし、その時機や条件について、蔣介石と協議して推進すること、そして第四に、中台双方は互いに工作員スパイを派遣しないこと、双方の内部の団結を揺るがすことはしないということであった。

以上の呼びかけにおいて、最優先は、台湾を中華人民共和国に統合することそのものである。それを台湾が受け入れるなら、台湾の内部に対して中国共産党は直接支配を及ぼさず、中国大陸とは異なる政治、経済、軍事体制と実権の存続を認めるということである。そればかりでなく、経済的支援まで約束することで、いわば利益供与によって蔣介石国民党を懐柔しようとする提案であった。その基本的な考えは、一九七九年以後の鄧小平による台湾への呼びかけの「一国二制度」に通じるものである。

しかし、蔣介石国民党は、中国共産党によるこうした甘言を信用することは無く、共産党政権との対話の扉を開くことは無かった。中国は、平和的対話の呼びかけをする一方で、一九五八年の八二三砲戦以来、軍事的攻撃も継続させており、さらには対台湾の飢餓輸出、あるいは細菌輸出を図っていた。つまり、中国は表舞台での平和的対話の呼びかけと同時に、裏面では、武装闘争その他の実力行使としての工作を継続していた。したがって、蔣介石国民党が平和的呼びかけに正面から対応しないことは当然であって、中国の平和統一の呼びかけは、台湾の一般世論に影響を与えること、中国の平和的イメージの浸透を図る戦略であったといえよう。

つまり、蔣介石政権が「大陸反攻、復興中華」を正面に押し立てて、中台関係の緊張を高めているとして軍事力行使の危険性を高めているのは蔣介石の国民党政府の側であるとの印象を造り出し、台湾の民心を国民党政府から離反させ、混乱させようとし、さらには一般の国民および軍人の中国に対する対抗心、台湾の中華民国存続のための覇気、士気を低下させようとしたものである。

それゆえ六〇年代、七〇年代の中国は、中国の共産主義建設失敗の現実、混乱や破綻を隠蔽して、中国内部の実情とかけ離れた中国の「民主」や「自由」を対外的に宣伝した。

台湾政府の中枢に長期潜伏した共産党員

第三期は、一九六二年から一九七八年であり、中国が国際連合に加盟し、安全保障理事会の常任理事国入りを果たすとともに、日本との間で日中国交正常化を果たし、その他多くの国との外交関係を樹立していった時期である。そして一九七八年十二月、中国にとって懸案であった対米関係の改善、米中国交正常化を決定した時期である。この間の中国は、台湾に対して「民主改造台湾」、すなわち民主主義で台湾を改造するというスローガンを掲げた。

この時期の中国では、「文化大革命」が猛威を振るったが、毛沢東の死によってこれが終焉し、四人組の一時期を経て華国鋒から鄧小平へと、政治指導者が交代することになった。

この間の中国は、いわゆる「自由」や「民主」とはかけ離れた社会状況であり、前半は、日本で言えば高校生の世代である紅衛兵の「造反有理」による管理職、支配者の権威の失墜と秩序の破壊の時代であった。その後に、毛沢東中心として改めて共産党主導の秩序の再構築の期間が続いた。

他方、中国の対台湾戦略は諜報作戦と外交攻勢を交互に繰り出していた。台湾内部には中国共産党の指示を受けた長期潜伏者が、地方あるいは中央の公務員となり、教職員や労働者、軍にも潜入していた。

李登輝政権で国策顧問、続く陳水扁政権でも国策顧問から司政を務めた曽永賢は、先述のとおり戦時中から戦後の日本留学時に共産主義の洗礼を受け、台湾への帰国後には地下共産党員として活動してから逮捕され、その後、思想的転向を経て政権中枢に上った経歴をもつ。その曽永賢の回顧には、地位と権力を掌握し、中国の台湾政策に実質的に干与できる立場になるまで、良き国民党員として疑念を抱かれることのなかった長期潜伏者があったことを描きだしている（浅野和生編著『日台関係を繋いだ台湾の人びと』展転社）。

すなわち、一九六四年五月から一九七八年一月まで情報機関のトップ、すなわち調査局長を務めた沈之岳は、一九七九年一月から一九九四年二月には総統府国策顧問ともなったが、共産党が派遣した長期潜入者であった。なんと、台湾工作に対する情報の収集、対応に当たる調査局のトップを十三年間務めた人間が中国共産党の協力者だったというのである。この十三年間に、共産党の情報機関と戦う能力がもっとも高かった調査局が、その指導者自身の手で政治防諜能力を削除されたことで、中国共産党による台湾における地下活動の発展に有利な条件が提供されていた。

実は、沈之岳は、日中戦争勃発後数年を経て、国民政府の軍事委員会調査統計局（略称、軍統局）によって延安に派遣され、中国人民抗日軍事大学で訓練を受けた。その後、軍統局での活動を続けるはずであったが、実は共産党に吸収されてから台湾に戻って保密局に還り、二重スパイになった。沈之岳の任務は、台湾において共産党勢力を発展させることだけではなく、調査局を支配することだった。そのためには、調査局員として有能でなければならなかった。

沈之岳は調査局長を辞めてから国民党中央委員会社会工作会主任を経て、蔣経国総統の国策顧問となった。そこでの沈之岳は、日々、各種情報機関からの報告と情報資料を受け取って、註や意見をつけて、総統にまで伝えるかどうかを決定する役割を果たしていた。この業務を通じて、蔣経国総統は沈之岳を信頼して、日ごろから重用する三人の国策顧問の一人とした。この三人は、常時、総統府の一つに部屋にいて仕事をしていた。

さて、沈之岳が死んだとき、中華人民共和国の元の国防部長、張愛萍が秘密の哀悼会を主催して、沈之岳を悼んだ。このとき張愛萍は、「文武全才、治国有力、一事二主、両倶無傷」という弔辞を書いたという。つまり「二人の主人に事えて、両者とも傷つけず」である。これで沈之岳の真の身分は明らかだ、と曽永賢は暴露している。

こうした中国大陸からの工作に対応するため、台湾の国民党政府は一九六六年一月に「戡乱時期検粛匪諜聯保弁法」、すなわち反乱鎮定時期のスパイ検挙連座法を公布した。これは、中国からの諜報員、すなわちスパイの潜伏活動を防ぐために、国家公務員、地方公務員、教職員、労働者、退役軍人などについて、二人以上をもって防諜のための連座制での刑罰で、連帯責任を負わせる法令である。さらには「匪偽（共産中國）物品取締弁法」を同年十二月に公布し、中国製品の台湾への流入の防止を強化した。

蔣介石の「大陸反攻」を阻止したアメリカ

台湾側の対中国政策をまとめてみると、台湾移転後も蔣介石総統は、大陸反攻を悲願としており、一九五〇年三月一日には「一年準備、二年反攻、三年掃討、五年完成」というスローガンを掲げていた。しかし、六月に朝鮮戦争が勃発し、アメリカによる台湾海峡中立化もあって、二年後に反攻を実現することはできなかった。その後も、「大陸反攻、復興中華」は蔣介石の終生の目標であり、それは単なる願望ではなく、リアルな政策目標であった。

朝鮮戦争への対応策のなかで、台湾にアメリカ軍が駐留するに至ると、台湾海峡での戦火は大規模な戦争への導火線になる可能性があると危惧するアメリカ政府は、蔣介石による「大陸反攻」の作戦遂行を望まなかった。しかし、蔣介石はアメリカに秘匿しながら、反攻計画を立案しており、その実施準備を進めていた。それを知ったケネディ政権は、国民党政府の意図を公表することで、その発動を阻止した。つまり、この時期の蔣介石の大陸反攻は、中国によってではなく、アメリカによって実行不能になったともいえる。

その後、先述の通り、文化大革命の混乱が中国全土に広がると、蔣介石国民党政府は、中国に対する働きかけを強めることになった。すなわち、一九六六年十月十日、辛亥革命を記念する国慶節の演説で、蔣介石は、中国の沿海部の軍隊から、国民政府軍に対して援助の要請があった場合、六時間以内に大部隊を派遣し、大陸中国の軍隊に対して「諸君と肩を並べて戦う」と呼び掛けた。つまり、台湾から中国の兵士に対して、中国共産党、共産党政府、同軍幹部に対して反旗を翻すようアピールしたのである。

続けて翌年の青年節、一九六七年三月二十九日には、「討毛（毛沢東討伐）救国連合戦線」の結成をも呼び掛けた。さらに中華民国政府は、「共産中国の軍将兵の反共決起、寝返り奨励弁法」を改正して、共産党軍からの国民党への投降（起義来帰）を奨励した。

また、文化大革命が、実権派の林彪への批判とともに、儒教とその開祖の孔子を批判する「批林批孔」などをスローガンとして含み、それに関連する貴重な書籍を廃棄、焚書にしたことに対して、蔣介石は漢籍と中国の伝統文化の尊重を訴えて対峙した。事実、文化大革命は「造反有理」をうたったことで、中国のさまざまな伝統や文化、道徳倫理をかつてなく蹂躙し、破壊するものであった。これに対して蔣介石は、子息の蔣経国の教育において漢籍の読書を奨励したことに明らかなように、本人が中国の伝統文化に対する尊敬の念が厚かっただけに、これに対する批判の思いが強かった。したがって、文革に対抗するために国民党政府は「中華文化復興運動」を発動させた。これには、国民党と共産党の中国固有の文化に対する対応の違いを際立たせることで、大陸中国の民心を国民党政府に引き付けようとする意義も含まれていた。

他方、この時期の中国は、国内的混乱が継続しており、アメリカの台湾問題への介入と相まって、毛沢東の中国共産党は台湾への武力行使を含む解放に着手できる状況にはなかったといえる。

以上、一九五〇年代から六〇年代について振り返ると、五〇年代には台湾側が大陸反攻を掲げていたのに対して、大陸中国は台湾解放を目指していたが、六〇年代になると、台湾側は相変わらず大陸光復を訴えるのに対して、中国大陸は平和解放を掲げていた。しかし同時に、双方ともに軍事力行使の意図をもっており、中国はこれを一九五八年には具現化し、台湾側はこれに対して六〇年代に実行しようとしたが、アメリカに阻止されたという経過がある。その後は八〇年に至るまでの時期は、双方ともに、軍事力行使を実践できる環境がなかったのである。

鄧小平の「台湾同胞に与える書」

さて、一九七〇年代以後の中台関係はどのように展開したであろうか。

中国では、文革から四人組の混乱期を脱して、華国鋒から鄧小平へと指導者が引き継がれ、改革開放の成長路線が緒につくのが一九七〇年代末である。国内外の課題に落ち着いて取り組めるようになり、まず手をつけたのが対米関係の改善であった。それが一九七八年十二月十五日の合意に基づく、一九七九年一月一日の米中国交正常化につながった。

併せて、対台湾関係では、米中国交正常化のその日に予め葉剣英が常務委員長を務めていた全国人民代表大会常務委員会を通過した「台湾同胞に告げる書（告台湾同胞書）」を発表した。

その内容は、新年を迎えるにあたり、一九四九年以来、大陸中国と台湾との交流が断絶して、家族団らんもできない状態が続いているが、こうしたおめでたい時にはともに祝いたい気持ちが強まる。中国の同胞や世界の華僑で、こうした分断状態を一日も早く終わらせたいと願わない者はないだろう、と新年に際しての思いから始まる。そして古くから台湾は、分かつことができない中国の一部であり、祖国統一は全中国人の未来のための使命であり、責任がある。中国統一の実現は、人心の趨勢であり、全世界は一つの中国だけを承認し、中華人民共和国が中国唯一の合法的な政府であることを認めている。大陸の各民族人民は、四つの近代化の偉大な目標を実現すべく心を合わせているので、我々は、台湾が早期に祖国に帰り、共同で建国の大業を発展させることを心から望む。

中華人民共和国としては、一七〇〇万台湾人民に、そして台湾当局に希望を託している。また、台湾当局は一貫して一つの中国の立場を堅持し、台湾独立に反対しているが、これは我々と共通しており、協力の基礎となる。我々は、一貫して愛国一家を主張しており、祖国統一は、一人一人の責任である。台湾当局が、民族の利益を重んじて、祖国統一実現の事業のために、貢献をすることを望む。現在、台湾海峡両岸には軍事的対峙が続いており、緊張があるが、中華人民共和国と台湾当局の交渉で、軍事的対峙状況を終息させ、安全な環境を作り出す必要がある。遠方の華僑が故郷にかえって一家団欒を楽しんでいるのだから、近くにある我々と台湾にそれができないことはない。我々は、双方が迅速に航路、郵便の開放を実現し、双方の同胞の直接の交流を可能にして、互いに消息を知らせ、親族や友人を訪問し、旅行をし、学術文化スポーツ工芸を高めあうことを希望する。

台湾と祖国である大陸中国は、本来、経済も一体であり、今や中国の経済は発展しつつあるが、台湾の経済の繁栄も望んでいる。それゆえ、相互の貿易を発展させ、経済交流を進めるべきである。親愛なる台湾同胞の諸君、我々の偉大な祖国の前途は、我々のものであり、あなた方のものでもある。祖国の統一は、歴史が我々の世代に課した神聖な使命である。

我々が早期にこの使命を完成すれば、ともに我国の未曾有の輝かしい歴史を創造することができ、先進列強に伍して世界平和、繁栄および進歩を図ることができる。私たちは手を携え、ともに奮闘しよう、と呼びかけたのである。

タイトルの通り、台湾同胞に呼びかける文書であるが、その呼びかけの対象は、まず台湾当局、つまりは国民党政府であり、台湾の人民である。そして、同胞として大陸と台湾の中国人は、ともに統一を達成する責任を負っているとし、中華人民共和国としては、一九七八年十二月をもって金門砲撃を停止して、三通の早期実現を希望し、双方の経済交流を進めて、さらに親族訪問、観光、学術文化およびスポーツ工芸の四種の交流を進めて、平和裏に統一を実現しようと呼びかけたものである。いわゆる「三通四流」の呼びかけであった。

しかし、蔣経国の認識はすでに紹介したとおりであり、この呼びかけに応えて、台湾海峡両岸の物的、人的交流に積極的に取り組むことはなく、三通は禁止されたままだった。

「夜郎自大」の中国からのアプローチ

次に中国が台湾に対して新たなアプローチを見せたのは、一九八一年九月三十日の中国人民代表大会常務委員会常務委員会委員長（国会議長に相当）の葉剣英による「中共関於臺灣回帰祖国実現和平統一的方針政策」すなわち、「中国共産党による台湾の祖国富貴平和統一の実現に関する政策方針」という談話の発表であった。これは「葉九条」と呼ばれている。その内容は、①国民党と共産党は対等な交渉を行い、第三次の国共合作（相互協力）を実現する、②三通（通航、通商、通郵）と四流（学術、文化、スポーツ、科学技術の交流）の達成を提案する、③国家統一の後、台湾は特別行政区として軍隊の保持を含め、高度の自治権を享有する、④台湾社会の現状、経済制度、生活様式は不変とする、⑤台湾当局および各界代表は、国家的政治機関において指導的職位と職務に就く、⑥台湾地方に財政的困難があれば、中国中央政府が事情を斟酌して支援する、⑦台湾の各種族、各界代表は、国家的政治機関での指導的職位、職務に就く、⑧台湾財界の祖国への投資を歓迎し、その合法的権益と利潤を保証する、⑨祖国の統一は国民一人ひとりが責任をもつべきである。以上である。

この「葉九条」は、それまでの「一綱四目」や「三通四流」の延長線上にあって、特に目新しいものではなく、台湾は中国の一部であり、中国は中央で台湾はその地方であるとするもので、これによって具体的な中台交渉の糸口になるということはなかった。

これに続いて中国で検討されたのが、「一国二制度」の構想である。最高実力者であった鄧小平は、一九八三年六月二十六日に台湾問題について六点からなる重要談話を発表した。第一に、問題の核心は祖国の統一である、第二に、台湾の「完全自治」は「二つの中国」になるので賛同できない、第三に、祖国統一後の台湾は、大陸と異なる制度を施行できる、第四に、平和統一とは大陸が台湾を併呑することではなく、台湾が大陸を併合することでもないが、台湾の主張する「三民主義統一中国」は現実的ではない、第五に、統一を実現するための措置として、第三次国共合作を提案する。その際に第三国の関与は拒否する。そして第六に、誤解を解くためとして、台湾に対して「葉九条」と周恩来の未亡人である鄧穎超による第六期第一回政治協商会議の開会式における挨拶の内容をよく研究するよう求める、以上である。

これに沿って考案され、八四年五月に内閣にあたる国務院から全国人民代表大会に提出され、国策となったのが「一国二制度」である。その原則は、一、台湾は中国の不可分の一部である。すなわち「一つの中国」の原則であり、「二つの中国」や「一つの中国と一つの台湾」とか、「台湾独立」の一切の行為に反対する。二、一つの中国の下で、中国は社会主義制度、台湾は現行の制度を維持し、共存共栄を図り、どちらの制度にも併合せず、二制度を併存させる。三、統一後の台湾の政党、政府、軍、経済、財政、文化などについては台湾で自己管理し、中央から官吏や軍隊を派遣しない、高度な自治を保証する、四、交流と交渉を通じて平和的に祖国の統一実現を願うが、武力使用は放棄しないという、以上の四点である。

このように、米中国交正常化を果たした中国は、台湾に対して次々に新たな提案をもって、平和的統一の働きかけ、すなわち平和攻勢を仕掛けた。しかし、その内容を検討すると、中国の夜郎自大ぶり、すなわち現状を客観的に見ずに、伝統的な中国の価値観で台湾に接しようとした形跡が垣間見られる。それが、「葉九条」の六、台湾が困ったら中国が支援するという条項である。一九八〇年代の中国は、改革開放政策で、ようやく工業発展への端緒についたところだったが、台湾はすでにアジアの四匹の小龍の一角を占め、世界が目をみはる経済発展を遂げつつあった。すなわち、一九八九年の中国の一人当たりＧＤＰがおよそ三〇〇米ドルであったのに対して、台湾は七五一〇米ドルであり、台湾の方が二十五倍も豊かな社会を実現していた。それなのに、中国は台湾に対して、あたかも古代から中世の中国が、周囲の朝貢国に対して寛大な姿勢を示して中国の覇権を認めさせたように、台湾に対して宗主国として援助しようという中国が大国としての度量を示そうという中国の気分を感じさせる。

これに対して、台湾側では全く応じる気配がなかった。その理由として、当時の台湾の政治情勢が挙げられる。一九七五年に蔣介石が逝去した後も、蔣経国の権威主義的指導体制が継続しており、その基本は「大陸反攻、復興中華」であって、その方針とは異なる対中政策をとる政治指導者が現れる余地がなかった。また、戒厳令と動員戡乱時期臨時条款の下では、政府と別に民間で中国の呼びかけに応じることも不可能であった。また、国際情勢としては、一九七八年までは台湾とアメリカが米華相互防衛条約下にあり、アメリカは台湾の共産化を認めないだけではなく、中華人民共和国の勢力圏の台湾への拡大を認めない状況にあった。そして一九七九年以後も、台湾関係法によって、基本的にはアメリカの対台湾政策に変更がなかった。

以上のことから、台湾に対する「三通四流」や「一国二制度」などの呼びかけは、台湾の国内外の実情と合わない、中国の独りよがり、夜郎自大な政策に過ぎなかったといえる。

「三不政策」と「三民主義統一中国」

一九七九年に鄧小平の「台湾人民に与える書」が「三通四流」を呼び掛けると、蔣経国は同年四月四日に、「不妥協、不接触、不談判」つまり妥協せず、接触せず、談判せずという「三不政策」の談話を発表した。これは、その後長く、台湾の対中政策の基本として維持されることになった。

蔣経国は、「三不政策」は、蔣経国本人の長い間の共産党との闘争における苦い経験、さらには血の教訓から学び取ったもので、自国の防衛のためだけではなく、共産党に対して反撃する際にも最も有力な武器になるものだと述べた。

「三不政策」について、蔣経国は、接触の結果として、台湾の一部の人々の気持ちに中国からの影響が入り込み、精神汚染となり、さらには中毒となって、中国の意図に振り回される人々が現れれば、内部分裂が生じて、政治的に不利な状態に置かれることになることを心配したのである。そのような事態を未然に防ぐことで、台湾が主導性を保ち、敵である中国共産党に対して打撃を加えられるようにする、それが「三不政策」の目的だった。

蔣経国は、共産党との戦いにおいて最も重要な領域は心理戦であると喝破していた。中国共産党からの働きかけによって、台湾の一部の民心が動揺すれば、やがて台湾陣営全体にその動揺が広がることになるかもしれない。国民党政府としては、民主陣営としての立場を堅く守り、万が一、敵の侵入があれば、ただちにこれを防がなければならない。それに備えるには、台湾の国民の心理を日ごろから強化し、健全に保ち、中国からのいかなる工作にも応じないように、蔣経国は国民に呼びかけた。

この政策は、蔣経国が一九八八年一月に逝去するまで継続したので、中国側の働きかけの変化があっても、それが台湾政治に反映されることはなかった。

逆に、蔣経国政権の対中政策は一九八二年四月二日に決議された「三民主義による中国統一の貫徹（貫徹以三民主義統一中国）」であった。すなわち、中華民国建国の父、辛亥革命の主導者であった孫文の掲げた、清朝政府打倒、新中国建設の理念が三民主義である。これは国民国家の建設を目指す民族主義、自由と民主主義を実現させる民権主義、そして自由・市場経済と土地改革を目指す民生主義の三つの原則からなる。

これにより蔣経国は、対中政策として先に提出した「三不政策」に「三民主義」を加えることで、「中国が平和かつ自由な文明国となるための唯一実行可能な道」を示したのであった。実は、「三不政策」は中台関係を徹底的に遮断する趣旨であるが「三民主義による中国統一」のためには、中国との接触を完全に禁止することはできない。むしろ、台湾が政治的な自由と民主、経済発展と国民生活の繁栄、豊かさの享受といった状況を作り出し、それを大陸中国の人民にアピールすることで、中国社会を内部から変質させようとする影響力の行使を必要とする政策であった。つまり、共産主義の中国を、民族主義、民権主義、民生主義へと変貌させていく、積極的な要素を含むものである。後に「和平演変」と言われることになるが、台湾が自由と民主、豊かさを享受すれば、それ自体が中国内部に対して変革を求める圧力になるという可能性である。

六四天安門事件後の中台関係の転換

一九八七年十一月二日、蔣経国は、大陸から移転してきた旧軍人ら、中国に親類縁者がいる人々の、親族訪問を許可することにした。この前年、一九八六年九月には、国民党と対峙する野党、民主進歩党が「党禁」を侵して結党式を行ったが、これを黙認し、続く一九八七年七月十五日には三十八年続いた戒厳令を解除した。これに続く大きな転換が、この親族訪問の解禁であった。中台間の人的往来の解禁は、約四十年ぶりのことであった。

無論、親族訪問は、しだいに高齢化が進む一九四九年前後の大陸から台湾への転入者たちが、命あるうちに故郷を訪ね、親類縁者と会いたいという、やむに已まれぬ人情の発露に応えようとする、人道的配慮によるものであった。しかし、それがこの時期に実現可能になったのは、台湾側の政治社会、経済への自信と、中国側の多少の政治的変化が重なったためである。すなわち、台湾の人びとの暮らしが貧しく、社会の自由化や民主化が進展する段階になければ、共産党一党独裁で経済発展を目指す中国を訪れることで、中国の社会主義の優位に圧倒されて、帰国後には台湾における中国共産党の伝道師になりかねない。

しかし、台湾の社会が、市民社会として十分に成熟し、民主化についてはまだ緒についたばかりだが、すでに豊かな社会になっているので、貧しさの平等の中で、ようやく文化大革命の社会的混乱を抜け出して鄧小平の改革開放の途を歩み始めたばかりの中国を訪れた台湾の人びとは、中国にユートピアを見て、それを台湾に移入したいなどと思うはずがない。アジアの四匹の小龍の一つとして、世界の先進国入りの扉を開いた台湾であれば、その程度の自信をもったとしても不思議ではない。それが、すでに紹介した一人当たりＧＤＰの二十倍を超える差にも表れていたのである。

こうして、「三民主義統一中国」を掲げた蔣経国の台湾は、新たな自由と民主の社会実現へと一段階アップする基礎を作ったところで、その指導者としての蔣経国を失うことになった。権威主義体制の指導者であった蔣経国は、ストロングマンとしての地位とそれを可能にする戒厳令と動員戡乱時期臨時条款という非常時の国家体制を父・蔣介石からひきついだが、その強い指導力をもって台湾を平時の国家体制に引き戻し、憲法を復活させる準備をしかけたところで息を引き取ったのである。

孫文の三民主義は、軍政から訓政を経て民政へ移行するという、いわば民主国家への発達段階を予定した、特異な革命理論である。武装闘争で前の帝制国家を倒して新たな共和制国家を打ち立てるまでは軍政、次いで国民を民主主義の担い手にまで育て上げる準備期間には、革命政党が国家を指導する訓政となる。そして憲法に沿って民主国家の運営ができるようになってから民政に移行する。蔣経国は、中国に対して「三民主義統一中国」の政策を打ち出すと同時に、台湾の中華民国の国内についても、三民主義の理論に沿って、国民党一党独裁の訓政期から、複数政党の競争による自由な民主主義を受け入れる中華民国憲法体制を執行する民政へと、移行を図っていたともいえる。しかし、その途半ばで蔣経国は舞台を降りて、新たなステージの舞台装置とシナリオを完成させる演出家の役には李登輝がつくことになった。

ちょうどそのころ、中国大陸は、改革開放が経済問題から政治問題にまで波及しようとして挫折する「六四天安門事件」の激浪に見舞われることになった。中台関係が、双方政府代表の直接接触のかたちで新たなステージに入ったのは、六四天安門事件の粉塵がまだ空中を彷徨う期間であって、むしろ国際社会が中国を爪はじきにしていた時期のことだった。

つまり、西側諸国が中国との経済交流を停止し、あるいは躊躇した一九八九年六月からの数年間に、台湾は資金を始め技術、人材を大量に中国に流し込んだ。これが一九九〇年代に入ってからの中国の驚異的な工業生産の拡大の基礎作りに役立ったことは間違いない。

ちょうどそのころの台湾では、ITをはじめとする高度な技術・知識集約型産業の発展とともに、伝統的な製造業の斜陽化が深刻化しつつあった。これらの企業は、人件費が安い中国に進出することで国際競争力を保とうとしたが、これらの業種は、緒に就いたばかりの中国の工業化にとっては着手しやすい分野であり、相互の思惑が一致した。しかも、欧米先進国からの経済制裁に直面した中国としては、先進各国の対中経済制裁とは無関係に投下される台湾からの投資は歓迎すべき事態であった。

李登輝総統の「国家統一綱領」の意図

さて、李登輝政権は一九九〇年九月二十一日に、総統府に国家統一委員会を設置した。この委員会の目的は、自由、民主の下での台湾と中国の国家統一に関する事項の研究であり、総統の諮問機関としての非常設の行政機関であった。同委員会は、およそ半年後の九一年二月二十三日に、これ以後の対中政策の最高指導方針として、「国家統一綱領」を策定した。

この綱領は、最終的に、平和的な交渉によって台湾と大陸中国が統一されるものとして、そこに至る道筋を描き出したものである。これによって統一された中国は、共産党支配の共産主義に代えて民主、自由と均富を実現した中国である。つまり、この綱領は「三民主義統一中国」の延長線上で、台湾と中国の現状を起点に、ゴール地点に至るルートを段階ごとに示したものであった。

その為の原則として、国民党とか共産党の党利党略、党派的利益ではなく、全中国人の共同責任として、全中国人の福祉の向上、人権の保障、民主主義と法治国家の実現を図ることとしている。

なお、当時は、台湾の中華民国も大陸の中華人民共和国も、相手の政府をその地域を代表する正統な団体と認めず、台湾側は「中国は一つ、それは中華民国」とし、大陸側は「中国は一つ、それは中華人民共和国」という立場であるから、二つの国家が併存することを公式には容認しないため、二つの中国、あるいは中国と台湾という別の実体があるという印象を与える「中台関係」とか「両国関係」という言葉を用いず、台湾海峡の両岸の関係、すなわち「両岸関係」という言葉で表した。また、双方の政府当局も国家として公認しないために、双方について大陸地区と台湾地区というあいまいな呼称を用いた。

しかし、最終的な国家統一の目標達成のため、短期的には、互恵の原則のもとに台湾海峡両岸は交流を行うこととする。そのため、相手社会の安定や安全を害せず、両岸間の交流についての秩序、規範を制定する。その際、大陸地区は、経済改革、言論の自由開放、民主化と法治社会の構築を推進すべきであり、台湾地区もまた憲政改革を進め、国家建設と均富の社会を建設すべきである。また、両岸の敵対的状態を終息させ、すべての争議、課題を平和のうちに解決することとし、国際社会でも相互に排斥せず、尊重しあい、信頼関係を醸成する。

次の段階は、信任と協力の段階である。そこでは、対等かつ公式の対話を確立する。全面的な交流を実現して、両岸の人民の生活水準の格差を縮小させる。さらに、相互の協力を通じて国際組織およびその活動に参加する。さらに首脳の相互訪問を実現して、統一に有利な環境を造り出す。

最後に、統一を協議する段階となる。統一のための協議体を成立させ、双方の民意に基づき、民主政治、自由経済、公平な社会を実現させ、共産党あるいは国民党が支配する軍隊を国軍に切り替えて、民主、自由、均富の中国を構築する。

このようにビジョンを明確に示して、両岸を包含する統一中国を実現させるというのが、国家統一綱領が描く将来像である。しかもこれは、資本主義社会を革命によって打破して社会主義へと移行し、共産党の指導の下で真の社会主義国家を実現した後の、成熟した社会主義の社会、つまり達成された共産主義社会のビジョンである、自由、民主、均富と矛盾しない。しかし、それは遠い将来の目標として描かれているだけで、当面の話としては、両岸が相互に相手の存在を国内外において排斥せず、平和的話し合いの開始を認めるものである。

つまり、「三民主義統一中国」の政策が、蔣介石の「大陸反攻、復興中華」の看板を残したまま、中国に対して軍事的な制圧を図る代わりに思想・政治戦での統合の主張を掲げることで、相互接触の可能性を開き、親族訪問の名目での台湾人の中国訪問を正当化する入り口になったように、「国家統一綱領」も大きく遠い最終目標を掲げながら、当面の一歩を許容する効果をもつものであった。

いつになるかわからない自由、民主、均富での台湾と中国の統一のはるか手前に、当面の策として、平和のうちの両岸の交渉を始めるということである。それなのに遠大なビジョンを提示したのは、対中国というより、台湾の国民党向けであった。つまり、蔣介石の「大陸反攻、復興中華」は、武力行使そのものに目的があるのではなく、台湾の国民党の理念で統治する統一中国の実現が目的のはずである。それを言い換えれば「三民主義統一中国」ということになるが、さらに一歩進んで、孫文の「三民主義」を咀嚼して「自由、民主、均富」に置き換えたのである。「三民主義」が、孫文が建国した中華民国の国是であるのに対して、「自由、民主、均富」は、共産主義社会が実現すべき社会のビジョンでもあるから、中国共産党も遠い将来のビジョンとして否定はしないはずである。中国国民としても、孫文の「三民主義」を敷衍したビジョンの実現を図るのだから、この構想を受け入れることができる。

そして現実には、双方が、短期の段階の基本ルールを承諾することで、台湾と中国当局の直接対話を開始できることになる。この合意は、台湾海峡両岸の内戦状態の終結、つまり、国家非常事態の法規である動員戡乱時期臨時条款を廃止して、中華民国憲法の規定に沿った国家運営を開始する大義名分になる。

つまり、国民党が受け入れられる原則を掲げたビジョンによって中国の統一を図ることは、蔣介石の「大陸反攻、復興中華」の完成を目指すこと、蔣経国の「三民主義中国統一」を促進することである。だから李登輝政権は、台湾移転以来の国民党の念願を実現させる第一歩として、内戦状態を終結させ、両岸の平和的な話し合いを開始するのである。このためには、中国共産党を反乱団体と認定し、北京政府は非合法政権として抹消すべき対象と規定する動員戡乱時期臨時条款を廃止しなければならない。これによって、北京政府と台湾政府は、ともに中国を構成する部分として併存していることが認められ、その間の交渉が可能になる。戒厳令は蔣経国が自ら一九八七年七月十五日に解除したから、李登輝は一九九一年四月三十日をもって同臨時条款を廃止して、中華民国憲法体制を復活させた。

ところで、ここで中国統一というときの「中国」は、主権国家としての中華民国あるいは中華人民共和国ではなく、文化的、歴史的、地理的、血縁的な概念である。

台湾がこうした政策を打ち出したのは、台湾に中華民国が、中国大陸にはこれとは別の中華人民共和国が存在するというのが事実であって、相互の距離や言語、文化、親族の存在などから、お互いに交流があることが自然である。これを可能にするには、敵対的な関係を終わらせ、信頼醸成を図る必要がある。つまり、「大陸反攻、復興中華」のような、ゼロサム関係ではなく、両者併存による発展を尊重すべきだという認識がある。また、国民党政府は、中国統一の手段として、武力解放の放棄を明確にするべきである。実際には、すでに彼我の国力、軍事力や台湾とアメリカの関係を考えれば、台湾による中国の武力解放は非現実的であるから、それを明確にすることで、相互交流の前提を作る。また、国際社会において、中華人民共和国と「中国代表権」を争わないこととする。そもそも、国連安保理常任理事国としての中国、人口大国、国土面積が二百倍以上異なる現実から、中国代表権争いについて中華民国には展望がない。それゆえ双方の主権争いには触れず、双方が「一つの中国」を認めている現状を基礎に、台北と北京に所在する二つの政治実体、もしくは台湾地区と大陸地区という「地区」の概念によって、海峡両岸の連動する関係を構築する、といった考え方による。

「一つの中国」の同床異夢

これに対して、北京政府は、「一つの中国」を認める一方、台北と北京を対等な政治実体を認めることはなく、国際社会においても台湾の生存空間を狭めようと、残された中華民国の国交維持国に働きかけて、対台湾断交と対中国交の締結を求めており、台湾との対話には応じるが、「中国統一」の手段として「武力放棄」を約束することはなかった。

しかし、いずれにしても、台湾の方針転換、すなわち「国家統一綱領」を基礎に、台湾としては武力統一を放棄し、台湾海峡両岸の平和的な話しあいを行うという新たな対中政策に対して、共産党政権は話し合いの席につくことにした。その意味で、李登輝政権の、新たな方針にもとづく施策は緒についた。

なお、国家統一委員会による国家統一綱領の決定を基礎に、台湾では一九九一年一月に行政院（内閣）に、対中国政策を担当して、統括、分析、企画、決定を行う組織として、大陸委員会が設置された。しかし、台湾も中国も、国家主権を代表する国家として相互に認めず、あいまいな政治実体、あるいは「地区」として認めるだけであり、「一つの中国」原則からすれば、国内の問題なので、外交機関がこれを担当することができないばかりでなく、行政院の国家機関が直接担当することはできなかった。それで、行政院に大陸委員会を置きながら、大陸側との接触は非国家機関として、名目上の民間機関が担当する形をとった。このために九一年二月には、大陸委員会の決定を対中関係において実行する「民間」執行機関として、財団法人海峡交流基金会を設置した。

この時点で台湾にとってもっとも重要な施策といってもよい対中政策は、この民間機関が担うことになったのである。初代の理事長（董事長）には辜振甫が就任した。この施策は、日本政府が国家として承認せず、外交関係をもたない台湾との関係を処理するために、財団法人交流協会を設置したのとよく似ている。実際には、海峡交流基金会の職員は、外交部その他の国家公務員の出向をもって充てる。これも日本の交流協会が外務省その他の国家公務員の出向者で運営されているのと同じである。

当然、大陸側にもそのカウンターパートが必要になる。中国側では、中国中央対台工作小組や国務院台湾弁公室という国家機関と、これとは別に民間団体としての海峡両岸関係協会が設置された。これによって、台湾海峡両岸の関係は、台湾側の財団法人海峡交流基金会と、大陸側の海峡両岸関係協会との交渉をもって進められることになったのである。すなわち、政府中央では、台湾側は総統が委員長を務める国家統一委員会と、中国側には国家主席を議長とする中国中央対台工作小組があり、担当の公的組織として、台湾側の大陸委員会と中国側の国務院台湾弁公室があって、その実行部隊として、台湾側の財団法人海峡交流基金会と大陸側の海峡両岸関係協会があるという構造である。

先述のとおり、このころの中国は欧米からの経済制裁を受けるなど、国際的な存在感が低下し、積極的な外交政策を打ち出しにくい時期にあった。それだけに、台湾からのアプローチに対応しやすいタイミングだったといえる。しかも、双方の中央政府機構と担当組織、実務を担う「民間団体」が成立したことから、交渉の意思さえもてば両岸関係が進展できる状況が整ったのである。

ところで台湾製品の対中輸出は、第三国経由のかたちで一九八七年の十二億三千万ドルが、一九九一年には四十六億七千万ドルへと、五年間で三・八倍に拡大していた。これに伴い、人的交流もしだいに頻繁になってきた。こうなると、両岸の間で交渉によって共同で対処すべき課題がしだいに積み重なってくる。

双方の政治実体の存在を前提とした辜・汪会談

こうして国共内戦以来初の両岸間の交渉が、一九九一年十一月に実施されることになった。これ以後、会談の規模や出席者のレベル、内容がさまざまな会談が一九九九年までに二十六回行われた。その際、北京、上海、南京、香港そして台北のほか、シンガポールが会場となった。

なお、これらの会談のうち特に意義深かったのが一九九三年にシンガポールで開かれた、海峡両岸交流基金会の辜振甫董事長と海峡両岸関係協会の汪道涵会長の、いわゆるトップ会談であった。両団体は表向き民間団体であるが、実体はそれぞれの対中国、対台湾担当の国家機関であり、辜振甫は日本でいう経団連会長のような立場だったが、李登輝総統の信頼の厚い人物であり、汪道涵は対外経済連絡次官を務めたのち一九八一年から八五年まで上海市長を務めた政治家であり、江沢民が八五年から上海市長を務めたのは汪道涵の推挙によると言われている。要するに、両団体のトップは、実質的に台湾と中国の最高指導者の意向を受けて会談に臨んだもので、その意味でもトップ会談としての意義をもつものだった。

なお、一九九三年のシンガポール会談の実現にあたって、その前年の準備会談において、いわゆる「九二年のコンセンサス」があったとされている。つまり、トップ会談を実現する条件として、双方が「一つの中国」の原則を堅持するが、その「中国」について、中国側は当然に中華人民共和国であると主張するが、台湾はこれを認めず、先の文化的、歴史的、地理的、血縁的な概念としての「中国」であるか、そうでなければ中華民国だと主張する。つまり、双方が「一つの中国」原則に同意して辜振甫・汪道涵会談が実現する運びになったというが、実は双方の主張が異なり、合意はない。しかし、内容が不一致であっても、双方は「一つの中国原則」に立脚するということで、双方とも話し合いの土台があると認めて、辜汪会談は実現した。

一九九九年になって、大陸委員会主任委員となった蘇起が、一九九三年の両岸トップ会談を実現するために、九二年には「一つの中国、各自表述」という「九二共識（九二年のコンセンサス）」が成立したと説明した。つまり、双方は「一つの中国」原則では合意したが、その「中国」が何を指すかは中台それぞれが表出すればよいという合意があったと述べた。しかし、「九二共識」については李登輝総統が否定しており、中台間にコンセンサスが成立したということは困難である。事実は、双方の認識の違いがあったが、それを承知の上で会談を実現させたということであろう。つまり、「一つの中国、各自表述」で合意したということではなく、それぞれの主張を言いっぱなしにして、合意はないまま会談を開いたということであろう。

いずれにしても九三年に開催された辜振甫・汪道涵会談では、両岸関係の処理において重要な協議が行われた。すなわち、密輸や強盗などの海上犯罪の防止と、その犯罪者の取締り、台湾海峡での漁業紛争の処理、双方の知的財産権の保護、司法機関の間の情報交換と協力について、台湾海峡両岸の経済交流の強化と補完体制の構築、台湾から中国に投資をし、あるいは中台間の貿易をしている台湾の財界人、いわゆる「台商」の権益の保護および商工業界の相互訪問について継続的に協議すること、エネルギーや各種資源の開発と流通の拡大についての継続的交渉、協議についてなど、広範囲の協議を進めた。このほか、青少年、マスメディア、科学技術などの交流およびこうした分野での相互訪問の促進、科学技術研究の出版物の交換及び科学技術用語の統一について、製造物の規格標準化の検討、コンピュータその他の産業の交流促進についての協議などが行われた。

つまり、将来の中国統一を目指しての第一段階の交渉の開始というより、目前の課題の解決を目的とした協議であった。また、すでに中台間において広範囲の経済交流や、学術、文化交流が進展していたこと、さらに両岸交流が安定的に進展するための基礎となったことがわかる。無論、多くの課題については、これ以後に継続的に審議が進められることになった。

ところで、犯罪防止や漁業紛争処理、司法機関の協力などは、台湾海峡両岸の国家機関の連動、相互協力についての取り決めであって、民間団体相互の合意によって実効性をもつ分野ではない。海峡両岸関係を担当する中台双方の機関が、名目上は民間団体だが、事実上国家機関として機能していることは明らかである。

また、一九九八年の辜振甫・汪道涵会談では、台湾側が汪道涵会長の台湾訪問を招請して、中国側も適切な時期に実現するべく、前向きに検討することが約束された。両機関関係者の各種会談は、主として大陸中国で開催されたが、時に台北でも実施されたということで、主導権は中国にあり、台湾海峡両岸が対等な関係にないことを中国は示そうとしていたので、汪道涵会長の台湾訪問が実現すると、相互の交流がやや対等な関係に近づく意味があった。

いずれにしても、九〇年代の両岸関係は、経済交流、貿易と人的往来の拡大とあいまって順調に拡大し、これと並行して、双方の両岸窓口機関の会談も、順調に積み重ねられていった。しかし、一九九九年七月九日にドイツのラジオ局の取材を受けた李登輝総統が、いわゆる「二国論」、すなわち「中国と台湾は国と国との関係、少なくとも特殊な国と国との関係である」と述べたことから、これに反発した中国の拒絶により、海峡両岸団体間の交渉が暗礁に乗り上げることになった。また、二〇〇〇年の総統選挙で、民進党の陳水扁が総統に選出されたことから、台湾は台湾であると主張し、台湾も中国の一部であると認識しない立場から、「九二共識」の「一つの中国」原則そのものに同意しないことから、海峡両岸の公的会談は長期にわたって開催されないことになった。

ただし、二〇〇〇年から二〇〇八年の民進党陳水扁政権の時期にも、二〇〇二年六月の台湾と香港の航空航行権の新協定に関する協議と、二〇〇四年、二〇〇五年の旧暦のお正月、いわゆる春節に際しての「台商」の帰郷のための直航チャーター便についての交渉は行われた。前者は、一九九七年に香港がイギリスから中国に返還されたために、台湾と香港の間の航空便について、中台間での交渉が必要になったもので、後者は、季節行事に伴う一時的措置として、「一つの中国」問題といった高度に政治的な問題を棚上げにして交渉が行われたものである。

江沢民の対台湾政策

一九八九年の六四天安門事件で、趙紫陽がすべての公職を解かれると、中国共産党総書記に着任したのが江沢民であった。江沢民の対台湾政策は以下のとおりであり、基本的には周恩来および鄧小平の政策を踏襲するものであった。

国務院台湾弁公室は、一九九三年八月三十一日に、「台湾問題と中国の統一」と題する政策白書を発表した。その趣旨は、以下の通りである。

第一に、台湾は古来中国に属し、中国の不可分の一部である。第二に、台湾問題の由来は、（一）国共内戦に起因する。（二）アメリカの台湾海峡への介入で固定化したことによる。第三に、中国政府の台湾問題を解決するための基本方針は、（一）平和統一と一国二制度、（二）基本原則は一つの中国、二制度の併存、高度の自治、平和交渉による、第四に、台湾海峡における両岸関係の発展している点は、政治、軍事、経済、人的往来及び新聞などの分野における規制緩和や交流と協力の促進、障碍となっているのは、台湾当局の抵抗と国際勢力の妨害、第五に、国際社会で台湾に関わる問題点としては、（一）中国と国交をもつ国と台湾との関係は、民間のみに限定する、（二）国際組織と台湾との関係については、台湾は主権国家の組織には参加できない、民間の国際組織の場合は、「中国台北（Chinese Taipei）」「中国台湾」などの名義で参加できる、（三）中国と国交を有する国と台湾との通航については、中国政府の許可が必要である、（四）中国と国交のある国の台湾への武器売却は、基本的に中国への内政干渉である。

このような中国による白書の形式での台湾政策の表明は、これが初めてであった。この文書は、第三国による台湾問題への関与の遮断を目指すもので、同時に、台湾の国際社会における活動空間をさらに狭めようとするものであった。全文一万三千字の白書の言おうとすることは、一言でいえば「台湾は中国のものだ」ということに尽きる。内容的には、従来からことあるごとに主張してきたことの総まとめであって、新しいものはほとんどないが、他国と台湾との通航について、中国政府の許可が必要だというのは、国際社会の現実から遊離した独善的な主張である。

いずれにしても、この白書によると、台湾は独自に国際生存空間を持てないことになり、中国の一部として、なおかつ中国政府の許可があるときだけ、他国との関係を許されることになる。しかも、この主張は、台湾政府に強要するだけではなく、台湾と関わるすべての国に強制しようとするものであって、中国政府が、あらゆる国の台湾との関係構築に対して「内政干渉」にあたると一方的に宣言した、中国政府の覇権主義的傾向が如実に表れたものである。

これに対抗して九月十六日、台湾の大陸委員会は「中国の白書『台湾問題と中国の統一』に対する見解―『中国問題』はあったが『台湾問題』はない―」と題する政策説明文書を発表した。台湾は以下のように、中国による台湾問題についての一方的な宣告に対して反駁した。

まず、中国が発表した「台湾問題と中国問題」は、内容が矛盾だらけで、国際政治の現実からかけ離れたもので、各国を脅そうとするものである、と指摘した上で台湾の主張として、第一に、もともとと「中国問題」はあったが、「台湾問題」はなかった。なぜなら、中華民国は一九一二年から存在していたところ、一九四九年に中華人民共和国が樹立された結果として併存することになったのであり、分裂の責任は中国にある。第二に、中国共産党のいう中国は、伝統的な歴史、地理、政治、文化などを含む「中国」ではない。第三に、台湾は国際社会の一員であり、中国は台湾地区の人民を代表する権利を持たない。中国は、国際社会において台湾を威圧、排斥するだけで、台湾のためになることを一度もしたことがない。第四に、中国の主張する「一国二制度」が統一の最大の障碍である。統一の主要目的は、台湾側の自由、民主、人権、福祉などの人類の普遍的価値を中国全土に広げ、人民に享受させることにある。台湾の善なる民主主義を棄て、中国の悪なる共産独裁制度を求めることはありえない。第五に、海峡両岸は、平和的手段で統一問題を解決すべきである。中国はアジア太平洋の不安は台湾問題であると決めつけているが、実際には、アジア太平洋の不安定の本質は、中国が統一のために武力行使を辞さないと主張していることに由来する。第六に、民主、自由、均富などの制度のみにより「中国問題」は抜本的に解決できる。台湾の経済発展、民主政治、教育普及、社会開放などの発展過程と実績が、中国の改革開放に啓示、啓発を与え、中国の現代文明に大きく寄与してきた点からわかるように、統一の意義と価値は、領土面における併合ではなく、全国民の福祉厚生になければならない。中国は両岸の分裂、分治の現実を認識し、党派の利益を超えて武力行使を放棄し、理性、平和、対等、互恵の原則にしたがって統一事業を推進してほしい。以上である。

このように台湾側は中国側の意図を見抜いて、中国からの外交攻勢に対抗した。すでに述べたとおり、この時期は、両岸の間の人的、物的交流が盛んになり、武力衝突などがない、平穏な時期であった。それでも中国は台湾に対して容赦ない主張を打ち出し、国際社会における台湾の生存空間を抹消させようとしていたのである。

台湾併合の江八点と台湾自立の李六条

一九九五年一月三十日、この年の春節すなわち旧正月に合わせて、中国共産党総書記にして中央軍事委員会委員長、そして国家主席である江沢民が、「祖国統一という大業の完成を促進するため絶えず奮闘する」と題する重要講話を発した。その中で、江沢民は両岸関係の発展、祖国の平和統一の推進などについて八項目の主張と見解を述べた。それゆえ「江八点」と呼ばれることになったが、その内容は以下の通りである。

第一に、「一つの中国」の原則を堅持することが、平和統一を実現する基礎であり、「台湾独立」「分裂分治」「段階的二つの中国」などの主張には断固反対する。第二に、台湾と諸外国の民間経済文化関係の発展に異議を唱えるものではないが、「二つの中国」「一中一台」を目的とする活動には反対する。第三に、平和統一のための交渉を行うことが、中国の一貫した主張であり、一つの中国という原則の下では、いかなる事項も話し合うことができる。第四に、平和統一を図り、中国人は中国人を攻撃しないということの貫徹に努力する。しかし、武力行使の放棄を約束できないのは、外国の干渉や「台湾独立」に備えるための措置であり、台湾人民に対するものではない。第五に、両岸間の経済的交流と協力を大いに発展させることとし、政治的軋轢をもって経済的協力に悪影響を与えるなど妨害をしないこと。第六に、中国五千年の文化は、全中国人に一体感をもたせる精神的な絆であり、平和統一の実現における重要な基礎である。第七に、台湾同胞の生活様式、台湾は台湾人のための台湾でありたいという願望を十分に尊重する。また、台湾同胞のすべての正当な権益を保護する。第八に、台湾当局の指導者の、適切な身分での中国訪問を歓迎する。我々も台湾からの招請を喜んで受け入れ、台湾を訪問する用意がある。以上である。

江八点の発表から二か月後、一九九五年四月八日に、今度は李登輝総統が、国家統一委員会主任委員の肩書で、「李六条」と称されることになる談話を発表した。

すなわち第一に、まず分裂国家という現実の上に国家の統一を追求する。つまり、中国と台湾がそれぞれ管轄している領域があるからこそ国家統一の問題がある。この現実を無視して国家統一の問題を論じることは意味がなく非生産的である。第二に、中華文化を基礎として両岸交流を強化すること。中華文化は両岸に共通の記憶であり、アイデンティティでもある。これにより海峡間の共存共栄の民族意識を養成すべきである。第三に、両岸の経済貿易の交流を増大させ、補完関係を発展させること。台湾は経済発展の経験と技術を提供し、中国は経済発展において台湾を他山の石とすべきである。台湾は中国を後背地とし、中国は台湾を窓口とするという補完体制を構築する。第四に、中台は平等に国際組織の活動に参加し、双方の首脳はその場を用いて自然に対面する。首脳の会談を実施することで、海峡間の政治的対立や敵意の緩和、解消が可能になり、信頼関係の醸成、協商、協力の基盤を確立できる。第五に、平和的手段で海峡間のすべての争議を解決するという方針を堅持すること。「台湾の独立」「外国の干与」に備えることを理由に、台湾に対して武力の不使用を宣言できないというのは、台湾の現実から目をそらし、事実を歪曲した結果である。この主張は、台湾における中国に対する猜疑心と不信感を増大させることになる。第六に、中台が香港、マカオの繁栄を共同で守り、それらの民主化を促進すること。香港、マカオの経済的繁栄と自由民主の生活の維持は、両地域の住民の願望であり、その成否には華僑や世界の人々も注目していることであって、中台双方には避けることのできない責任がある。以上である。

江八点は、台湾は中国と異なる価値観、制度を保ってよいから、とにかく「一つの中国」を実現させようと主張している。これに対して、李登輝政権は、先に国家統一綱領を掲げて、自由、民主、均富という価値の実現をもって中国との統一を呼びかけた。その延長上に李六条がある。したがって、すでに統一が指呼の間に迫っている香港とマカオを挙げて、そこでの自由と民主、繁栄を両岸双方で責任を持つことを呼び掛けた。これが可能なら、江八点のいう、台湾には台湾の生活様式、統治制度があってよいから統一しようという呼びかけが信用できることになる。そうでないなら、江八点の六番目の、中国五千年の文化の強調は、中国の伝統文化、すなわち中華思想の強調になり、中央の政治権力が所在する中原を中心として、価値観を共有することを求めることになる。つまり、周辺部には中央と一体となることを求める。したがって、統一の先には、中国共産党中央を中心とする中華人民共和国の価値観の体系、統治制度に周辺部の台湾は吸収され、一体化へと進むことになる。

この点、李六条が中華文化を基礎とすることを呼び掛けるのは、双方に共通の土台があること、価値観共有の可能性があることの確認であって、第三、第四とあいまって、中台が対等な場で交渉を行い、相互補完関係を築こうとするものである。つまり、江八点は、中国中心に台湾を吸収する策、李六条は、双方が対等に同じ価値を追求する策である。

江八点の発出から三十年が経とうとしているが、中国の対台湾政策は、基本的にはそのままである。これに対して、李六条については、その基礎であった国家統一綱領の扱いが変わったこと、その後中国に返還された香港が、自由と民主を破壊され、中国共産党の支配下に組み込まれたことから、台湾の中華民国が求める未来像は変わったというべきだろう。

習近平が進める中国共産党の中国化

江沢民以後の中台関係の概要については、第一章に譲る。要は、「一つの中国」をめぐる双方の主張の隔たりと妥協が、中台間の対立と接近の歴史を織りなしてきたということである。

ここでは、近年の中国共産党の変質と、それが投げかける中台関係の今後の課題について検討する。

二〇二二年十月十六日、中国共産党第二十回全国党大会における習近平総書記の政治報告で習近平は、「中国の特色ある社会主義の旗印を高く掲げ、社会主義現代化国家を全面的に建設するために団結奮闘しよう」と呼びかけた。

台湾については、「台湾問題を解決して祖国の完全統一を実現することは、中国共産党の確固不動の歴史的任務であり、すべての中華民族の人々の共通の願いであり、中華民族の偉大な復興を実現する上での必然的要請である」と述べ、「平和的統一、一国二制度」の方針は両岸の統一を実現する最善の方式」だとし、「一つの中国の原則と「九二年コンセンサス」を堅持し、それを踏まえて、台湾の各党派、各業界、各階層人士と、両岸関係・国家統一について幅広く踏み込んで協議」すると述べた。

さらに、「両岸同胞は血のつながった「血は水よりも濃い」家族である」として「両岸の経済・文化の交流・協力を促進し、両岸の各分野の融合発展を深化させ、台湾同胞の福祉増進につながる制度と政策を充実させ」るとも言うが「決して武力行使の放棄を約束せず、あらゆる必要な措置をとるという選択肢を残す。」とも言っている。ただし、武力行使の対象は、「外部勢力からの干渉とごく少数の「台湾独立」分裂勢力およびその分裂活動」であると言って、「決して広範な台湾同胞に向けたものではない」とも述べた。要するに、あらゆる手段を使って、できれば平和的に台湾を併合するのだが、必要なら軍事力も使うと言っているわけだが、これは従来の路線の延長である。

しかしこの演説で習近平は、それだけではなく「マルクス主義の不断の中国化・時代化を推し進める」と宣言した。

この演説のなかで習近平は、「天下為公」「民為邦本」「為政以徳」「革故鼎新」など十個の古典の言葉を並べた。これらは、易経、書経、礼記、春秋の名言だが、中華民族の長期にわたる生産、生活の中で積み上げられた宇宙観、天下観、歴史観、道徳観は科学的社会主義の主張と高度に一致すると説明して、マルクス主義思想の精髄を中華の優れた伝統文化の清華と通じ併せ、共通の価値観を融合させて、科学的理論を鮮明な中国の色に染める、と述べたのである。

マルクス主義の歴史はせいぜい百七十年ほどであり、ソ連の誕生から百五年、共産党の中国の誕生からでは七十五年に過ぎないが、ここで触れた古典は二千五百年程の歴史をもつ。かつて「批林批孔」の歴史をもつ中国共産党だが、今や、マルクス・エンゲルスあるいはレーニンの共産主義を、中国古典の価値観、世界観と融合させて、マルクス主義を鮮明な中国の色に染めるというのである。

当然、今後の中国共産党が、中国の色に染まった新たなマルクス主義をもって、台湾に価値観の共有や融合を求める働きかけがあると想定すべきだろう。それればかりでなく、日本人の多くも、中国の古典に対する尊敬や憧憬が根深く存在するから、自由や民主などという欧米発の価値観ではなく、それより古くからの東洋の叡智に学び、中華思想の理想社会をともに目指そうという、日本に呼びかける思想運動になるかもしれない。しかし、我々は、儒教的価値観が、結局は皇帝専制の中国の歴史を紡ぐ結果になったことを知っている。

二十世紀以後に日本で、台湾で実現した自由な民主主義社会は、決して欧米の価値観を盲目的受け入れたものではなく、日本の、台湾の先人たちが、自分たちの生活文化と歩んできた歴史の経験とを融合させて成立した、日本の特色、台湾の特色をもった自由と民主、法の支配なのである。つまり、人類に普遍的な価値としての自由、民主、法の支配という、価値観を享有しつつ、実際にはそれぞれの民族、国家の特性に合わせた独自のシステムを構築して、これを運用している。その意味で、中国の特色をもったマルクス主義に対して、我々は日本の、台湾の特色をもった自由と民主、法の支配で対抗することになる。

日米のイコール・パートナーシップ

二〇二〇年にトランプ政権は、六月から七月にかけて、オブライエン大統領補佐官、レイFBI長官、バー司法長官、ポンペオ国務長官の一連の演説を通して、新たな中国政策を打ち出した。そのなかで、一九九〇年代以来のアメリカの対中政策は、中国が豊かになれば、自由と民主主義を受け入れるという幻想に立っていたと、強い反省の言葉を並べた。実際の中国は、アメリカその他の支援を受けて、経済的に豊かになり、外交・政治・軍事において強大化したが、共産党一党独裁は揺るがず、自由化も民主化もしなかった。だからアメリカは、これから中国が世界の覇権を掌握することは決して許さない、という演説であった。その中国認識、対中政策の根本は、バイデン政権に引き継がれるべきものであったし、さらには二〇二五年に発足する、これからのトランプ政権にとっても基本となるものがある。

さて、二〇二一年一月六日にロバート・オブライエン（Robert O'Brien）国家安全保障担当大統領補佐官は、二〇一八年二月にアメリカ政府が制定した「自由で開かれたインド太平洋戦略枠組み」の機密文書指定を外して公表した。これは、トランプ政権が発足した二〇一七年十二月に制定、公表された国家安全保障戦略に基づいて策定された政府の外交・国防方針の文書である。公表される国防戦略とは別に、外交、軍事を取り進めるための、政府関係者だけが共有する国家戦略があるのは通常のことだろう。この文書は、通常であれば二十五年を経て公開されるもので、当初の機密指定解除は二〇四二年十二月三十一日の予定だった。しかし、トランプ大統領がその意に反して、大統領を二期八年連続して務めることができなくなったところで、バイデン政権に戦略の実施を迫る手段として、戦略文書の公開に踏み切ったものであった。

実際は、この文書は一〇〇％開示されたわけではなく、一部に黒く塗りつぶしたところもある。恐らくは対象となる国や人物についての情報を一部非公開にしたものだろう。ところで、公開するのに際してオブライエンは序文を付して、この戦略枠組みの由来と公開の理由を述べた。それによると、トランプ政権の「自由で開かれたインド太平洋」戦略は、日本の安倍首相が二〇一六年八月のアフリカ開発会議（TICAD）の基調講演で語った太平洋とインド洋という二つの大洋、二つの大陸を結ぶ戦略から導き出されたものだと明らかにしている。

そして二〇一八年の「アメリカ合衆国　インド太平洋戦略枠組み」では、日本はアメリカと共に「インド太平洋安全保障体制の柱」としての同盟国（pillar of the Indo-Pacific security architecture.）と位置付けられている。また、台湾については、Allies and Partners の、partner として明記されている。そしてアメリカは日本、オーストラリア、インドと合わせて、いわゆるQUADを柱として、台湾を含むパートナー国とも強調して、自由、民主と法の支配という価値を実現しつつ、繁栄と安定を享受する「自由で開かれたインド太平洋」を実現させようということである。

とりわけ、日本との関係は対等なパートナー（Equal partner ship）であることが強調された。この点については、二〇二二年五月二十三日、来日したアメリカのバイデン大統領との日米首脳会談において、「自由で開かれたインド太平洋」を実現するために、「近年の中国による核能力の増強に留意し、「核リスクを低減し、透明性を高め、核軍縮を進展させるよう」中国に要請し、「東シナ海におけるあらゆる一方的な現状変更の試みに強く反対し、南シナ海における、中国の不法な海洋権益に関する主張、埋立地の軍事化及び威圧的な活動への強い反対を改めて強調」した。また、「中国による東シナ海、南シナ海での不当な権益拡張、支配権確立の試みに対抗して、日本はアメリカとともに、船舶の航行および航空機の飛行の自由のために取組む」ことを表明している。

これに加えて、台湾海峡について「国際社会の安全と繁栄に不可欠な要素である台湾海峡の平和と安定の重要性」を指摘し、最後に、日米両国は「民主主義的な二大経済大国として」世界における民主的な価値、規範及び原則を支持するとともに、平和、繁栄及自由が確保される未来のビジョンを推進する義務を負っているとの認識を示し、岸田総理とバイデン大統領は「共にこの責任を引き受けた」と宣言した。この最後のことばは、日米のイコール・パートナーシップを確認するものである。

日台のイコール・パートナーシップへ

ところで、日台関係については、従来、ともすれば日本がどちらかといえば上の立場で、台湾が下の立場のような見方が日本側にあった。確かに十年前であれば経済力も日本が優位であったかもしれない。しかし、今や日本と台湾とは歩調をそろえて進むべきパートナーになったのではないか。その象徴的なできごとが今年、二〇二四年八月にあった。

振り返ると、二〇〇八年の台湾・総統選挙に際して、台北市長であった馬英九は、尖閣諸島問題や歴史問題で強硬発言を繰り返しており、「反日」のうわさがあった。馬英九は、こうした声を払拭するため二〇〇六年七月十日に来日して、自民党の武部幹事長、公明党の浜四津敏子代表代理、森喜朗前首相、日華議員懇談会の平沼赳夫会長らと会見し、テレビの取材を受け、「知日派になる努力」姿勢をアピールした。しかし、予定半ばで台風が台湾に接近したため、市長の職務のために予定を短縮して十三日に帰台した。その後、未完の日程を消化しようと、翌二〇〇七年十一月二十一日に再来日し、同志社大学で講演するなど、三日間の行程を完了した。「反日」の疑念が晴れたかどうかは疑問だが、日本と台湾向けにアピールしたことは間違いない。

他方、民進党の公認候補となった謝長廷は、若き日に京都大学に留学して修士号をとり、博士課程にも在籍した経歴をもつ。それで二〇〇七年十二月に来日すると、京都大学で日本語の講演をするなど、各所で参会者の熱い支持を集めた。

また、二〇一六年総統選挙に際しては、民進党の蔡英文は、二〇一五年十月六日から十日に訪日し、日華懇の議員や民主党の枝野幹事長と交流したほか、安倍首相の実弟の岸信夫衆院議員に伴われて安倍・岸家の故郷山口県を訪ねた。異例の旅程で、日本との交流を深めた。

他方、国民党の朱立倫は、二〇一五年の国民党が七月に洪秀柱を公認した後で十月になって取り消して朱立倫を公認候補にしたため、総統選挙投票までに訪日の時間がなく訪日できなかった。しかし二〇二二年三月に、新北市長として投資説明会のために東京を訪れたことがある。

さて、二〇二四年総統選挙では、民進党候補の頼清徳は、二〇一六年熊本大地震の後、台南市長として高雄市の陳菊市長とともに被災地を訪れ、災害復興を支援した。また、暗殺された安倍晋三首相の弔問のため、二〇二二年七月十一日に来日して安倍氏の自宅を訪れ、十二日の葬儀にも参列するなど、親日で知られているだけに、選挙前にことさら訪日はしなかった。

他方、国民党の侯友宜は、二〇二三年七月三十一日から八月二日にかけて訪日し、自民党の萩生田光一政調会長、日華懇の古屋圭司会長、麻生太郎副総裁などと会見した。また、民衆党の柯文哲も、六月四日に来日して、自民党麻生太郎副総裁、立憲民主党野田佳彦元首相、日本維新の会の馬場伸幸代表と会見し、早稲田大学で講演を行った。

このように、台湾で総統候補となると、アメリカと日本に訪問して、人脈作りをアピールするのが常だった。これは、総統になってしまうと、日本とは国交がなく、日本が中国に遠慮することもあって、日本訪問ができなくなるので、その前に日本の政界とパイプを作る意味もある。

さて、これに対して日本の政治家は、「親台派」のレッテルを貼られると、中国や「日中友好」の親中派財界人に嫌われるので、かつては台湾訪問には慎重であった。

しかし今年八月十日、石破茂元防衛相は、中谷元、前原誠司、長島昭久衆院議員らと台湾を訪問して、頼清徳総統、蕭美琴副総統、林佳龍外交部長、朱立倫国民党主席らと次々に会見を重ねた。そして、八月十四日に岸田首相が自民党総裁選不出馬を表明すると、石破茂は、台湾において自民党総裁選出馬、首相就任への意欲を表明した。

石破と踵を接するように四度目の訪台を果たしたのが立憲民主党最高顧問の野田佳彦だった。野田は八月二十一日に台北で、「第八回凱達格蘭論壇（フォーラム）：二〇二四インド太平洋安全討議」に参加して登壇し、台湾と日本は基本的価値観を共有する重要なパートナーであると述べ、台湾のTPPへの加盟申請を歓迎すると発言した。

十一月十一日には、特別国会冒頭の首相指名選挙で、石破対野田という八月に台湾訪問をした二人の決選投票になった。今では、台湾は日本の安全保障、経済的繁栄、東アジア外交の上で重要なパートナーであると衆目が一致している。それゆえ日本をリードする政治家は、与野党を問わず台湾を訪問し、政界のパイプを確保しなければならない時代になった。

これは、日本と台湾が対等のパートナーになったことを象徴するできごとではないか。

さて、これからの中台関係のために、日台間の交流の重点とその意義について考えてみよう。日本と台湾は、安全保障上も、経済安全保障上も切っても切れない関係であり、相互補完関係でもある。

いずれにしても、さまざまな分野での協力や協調が進められるべきである。他の何よりも、儒教や仏教、さらには汎神論的価値観という、東アジア的価値観を持つ自由、民主、法の支配の国として、自由と民主、法の支配を基礎として他の国ぐに、他の地域、とりわけ中国や北朝鮮に対して、模範となるような社会的安定と繁栄、豊かで温かいコミュニティを実現、維持するために、日本と台湾は協調しつつ競合すべきである。

隣接する一党独裁の国が、いかなる新たな価値観を打ち出そうとも、それを超える豊かで繁栄した社会を、相互協力と相互補完の関係、日本と台湾で切磋琢磨しつつが高めていけば、人々の暮らしの現実が、中国発の虚妄の概念を打ち砕く強い力になるだろう。

無論、対中関係のためにも外交、安全保障の努力と協力の推進が必要なことは論を俟たない。台湾一国で中国の強大な軍事力、政治、外交力に立ち向かうことは困難である。日本も同様であり、日本と台湾を合してもなお困難だろう。それにはトランプ大統領のアメリカとうまく付き合いながら、「自由で開かれたインド太平洋戦略」の日米豪印、すなわちＱＵＡＤその他の国際関係を駆使しなければならない。それによって、中国の軍事力行使の可能性が高まるとされる二〇二五年ないし二〇二七年のクライマックスを乗り越え、さらに長期にわたる価値観の戦いに勝利を収めるために、日台の交流は進められなければならない。

より具体的には、日本と台湾がともに直面している、経済と人口の大都市集中に対して、地方の活性化、いわゆる地方創生を実現すること、加速化する少子高齢化に対して、健康長寿と新たな家庭の形成、出産、育児、教育による未来の創造とを、いかにして可能にしていくか、実効性のある政治・行政的対応策を策定、実施していかなければならない。大陸中国の人々がうらやむ政治、社会生活を、東シナ海と台湾海峡をはさんだ日本と台湾で、実現することである。

同時に、台湾海峡両岸関係、一九七二年の日中国交正常化、一九七九年の米中国交正常化以来の日中あるいは米中関係の桎梏となっている「一つの中国」原則を乗り越える理論と施策を、日米台の協力で構築する。

そうすれば、新たなステージに引き揚げられた中台関係、日中、米中関係を基礎に、長期にわたって持続可能な、平和で繁栄する、自由で開かれたインド太平洋が実現可能になるだろう。

【追記】

なお、本章は、浅野和生（平成国際大学教授）、漆畑春彦（平成国際大学教授）、清水文枝（平成国際大学准教授）、野澤基恭（東京国際大学教授）による令和六年度平成国際大学共同研究として、同大学の研究助成を得て執筆したものである。

参考文献

楊　合義「『反国家分裂法』制定後の中台関係と台湾政局」（中村勝範・楊合義・浅野和生『東アジア新冷戦

と台湾』所収　二〇〇六年　早稲田出版）
楊　合義「『国共合作』と2008年国民党復権後の両岸関係」（呉春宜・楊合宜・中村勝範・浅野和生『馬英九政権の台湾と東アジア』所収　二〇〇八年　早稲田出版）
呉　春宜「台・中対立関係の変遷―平和への道を阻む要因に焦点を当てて―」（呉春宜・楊合宜・中村勝範・浅野和生『馬英九政権の台湾と東アジア』所収　二〇〇八年　早稲田出版）
渡辺耕治「中台関係二十五年の回顧―政治・経済関係を中心に」（浅野和生編著『台湾民主化のかたち』所収　平成二十五年　展転社）
浅野和生「第四章　曽永賢の生涯と日台関係」（浅野和生編著『日台関係を繋いだ台湾の人びと』所集　平成二十九年　展転社）

第三章

九二コンセンサスと馬英九政権

東京国際大学国際関係学部教授　野澤基恭

はじめに

今回の共同研究のテーマ「台中関係」を基本に据えたものである。国際法を主たる研究テーマとする筆者にとっては、なかなか難問であった。周知の通り台湾と中国との間に国際関係が成立するものではないからである。台中関係では「経済協力枠組み協定（ECFA）」（二〇一〇年）に基づき調印に至った「両岸サービス貿易協定」（二〇一三年）があるが、翌年に起きた「ひまわり学生運動」の反対により、未だ批准されていない。それどころか当該協定により、馬英九総統（当時）は、台湾市民から「売国奴」と非難され、このことが二〇一六年の総統選挙と立法院選挙に影響し、馬英九政権の支持率を下げ、国民党の政権維持を困難にしたことは想像に難くない。

しかしながら、国民党（特に穏健派）の中国政策思想は、中国への働きかけを通じて、台湾の国際的な地位を向上させるというものでもあった。このことに着目し、当時特に馬英九政権下において、台湾は中国にどのタイミングでどのような発信をしたのか、それに対して中国はどのような反応を見せたのか、検証してみたい。

1 「九二コンセンサス」について

ここで登場する概念として「九二コンセンサス（九二共識）」がある。筆者の専門とする国際法、国際機構論分野において、「コンセンサス」という用語は、頻繁に耳にする。多くの場合国際機構における決議において用いられる。一般的な票決を用いたものではなく、議案に対して予め交渉をした上で、積極的に反対ではない旨を表明するものである。しかしここでは、そのような意味で用いられているのではない。ごく一般的に「共通認識」くらいの意味であろう。

実は、後に見る馬英九政権において中国との対話は「一九九二年コンセンサス」を前提として行われた。「一九九二年コンセンサス」（その表現はさておき）という概念は、一九九二年十月に香港で行われた海峡交流基金会（台湾側窓口機関）と海峡両岸関係協会（中国側窓口機関）による会合でなされた合意にあるとされた。その内容について、後に、国民党及び馬英九政権は「一つの中国、それぞれが表現」（中国語では「一個中国、各自表述」、略して「一中各表」）とした上で、「『一つの中国』とは中華民国である」と主張した。しかしながら、当初からそのような合意であったかは不明である。「一九九二年コンセンサス」という言葉自体は、二〇〇〇年当時の李登輝政権で大陸委員会主任委員を務めた蘇起による命名だと言われている。これに基づいて、次期陳水扁政権に中国と対話を促したとされている。しかしながら、その内容の曖昧さ故、陳水扁をして「一九九二年コンセンサスは『台湾と中国の間にコンセンサスがない』というコンセンサスである」とまで言わしめた。

2　中国との対話による国際的地位の確立

前述のように、国民党の穏健保守派の対中国政策思想は、中国への働きかけを通じて、台湾の国際的な地位を向上させるというものであった。しかし、台湾が国際社会での地位を確立するには、中国との平和協議あるいは協定を締結することが不可欠であり、その際に、「一つの中国」原則への言及を迫られる可能性がある。各国の事例を引き合いに出しながら検討すると、たとえば旧東西ドイツをヒントにして中国との平和協定協議、中間協定、常駐代表部の設置等である。しかしながら、東西ドイツには両陣営からの国家承認に伴う確固たる基本条約が存在する。しかし、台中間はどうであろうか。そのようなものは全く存在しない。要するに、中国に台湾の中華民国を承認させることは不可能なのである。そこで台湾は国家統一綱領で「政治的実体」として国際社会に参加することを模索し始めた。しかし、それにしても、中国の協力配慮が不可欠である。もとより中国は、香港同様、台湾に対して「一国二制度」による統一を主張、現状のままの主権国家を参加資格とする国際機構への加盟に反対した。

その後二〇〇五年に連戦と胡錦濤による「両岸平和発展のための共同ビジョン」において、第二項に平和協議の実現がうたわれ、二〇〇八年の総統選挙の公約の中で、馬英九は和平協定を対中政策の目標とした。ここで注目されるのは名称の問題である。国際社会への参加においても、「中国台北」に名義を変更されたアジア開発銀行をモデルとする場合、世界貿易機関やアジア太平洋経済協力における「中華台北」に比べて、香港方式に近いといえる。二〇〇五年の連戦と胡錦濤の会談で台湾のWHO参加に言及されたが、その後WHO事務局と中国の間で、WHOの台湾への関与に関する覚書が締結されている。

馬英九総統の課題は、古い言い回しであるが、いわゆる「終極統一」の堅持を求める中国側と統一を嫌う台湾の世論への配慮を両立させることであった。就任前の二〇〇八年一月には「統一せず、独立せず、武力行使せず」という新三不政策を掲げたことも理解できる。このことは自らの任期内の統一を否定することで、統一を警戒する世論の懐柔を図ったものであった。一方で就任後の八月二十六日には、「台湾と中国大陸は一種の特殊な関係であり、国と国の関係ではない。そのため、他国が二重承認することも出来ない」これは憲法に則ったものであるとして中国側への配慮も示した。また野党からのこうした批判をかわすため、馬英九政権は国際社会に目を向け、国際機構との関係づくりを急いだ。たとえば、政権発足からおよそ半年で、連戦元副総統のAPEC非公式首脳会議派遣や、国連専門機関の一つである世界保健機関（WHO）への参加を実現させた。中国は従来、副総統経験者や立法院長のAPEC派遣を拒否してきた。また、WHOへの参加については、野党が二〇〇五年の覚書にもとづく香港方式であると批判し、二〇〇九年五月のWHO総会時にはヨーロッパ留学中の台湾人が葉金川衛生署長を取り囲み、「台湾は中国の一部ではない」と抗議した。確かに台湾のWHO参加は、中国との交渉を通じて、同意を得たものであった。しかし、WHO事務局が台湾の衛生署長に宛てた招待状では、台湾を「中華台北」と呼び、従来WHOが用いていた「中国台湾」は用いられなかった。衛生署長に対しても閣僚であることを明記するなどの改善点も見られた。中国は当初、台湾のWHO直接参加ではなく、間接的な方法を検討していたが、これは台湾側が交渉を重ねて獲得した成果であったといえる。この他、「中華台北」の名義を認める中国側の譲歩は、二〇〇八年の北京オリンピックでも見られた。さらに二〇一三年には局長級であるが国際民間航空機関（ICAO）の総会へのオブザーバー参加も実現した。

しかしながら、言うまでもなく、こうした成果も恒久的な権利ではない。台湾のWHO総会へのオブザーバー参加はアドホックなものであり、その都度、WHO事務局が招待状を出すものである。NGO（特殊な例として、領土を持たない「マルタ騎士団」）を除くと、このような不安定な地位にあるWHO総会オブザーバーは台湾だけである。そして、WHO事務局の判断は事実上、中国の意向次第なのである。民進党の蔡英文政権へ交代した後、二〇一六年総会への招待状では、馬英九政権期にすらなかった一九七一年の国連総会決議第二七五八号（いわゆるアルバニア決議）やそれを踏襲した一九七二年のWHO総会決議第二五・一号および「一つの中国」原則への言及がみられた。これは台湾側に不快感を与えると同時に、事実上、中国側のWHO事務局への周到な根回しによるものであった。また、ICAOについては、蔡英文政権への交代後、総会への招待がなくなった。

また、馬英九政権期においても、二〇一一年一月二十五日には、中国の人民銀行が東南アジア諸国中央銀行グループに加盟したのに伴い、台湾側が反対したにもかかわらず、名義が〝Central Bank of China, Taipei〟から〝Central Bank, Chinese Taipei〟（中華台北中央銀行）に変更される事件も起きた。また、馬英九政権期末においては、中国は自ら主導したアジアインフラ投資銀行（ＡＩＩＢ）への台湾の加盟についても、創設前に台湾が送付した加盟申請を見送りとした上で、金立群ＡＩＩＢ総裁（元中国財務相）が二〇一五年十月（当時は総裁候補）に台湾の加盟は（中国の）家庭内の問題」と発言し、二〇一六年四月には「香港と同様、中国財政部を通じて行うよう」とさらに具体的な発言するなどしたため、事実上頓挫した。結局のところ、中国は馬英九政権期においても限定的な譲歩をしたにすぎず、国際社会における台湾の地位を香港と同様に扱うことについては譲らなかったのである。これらは、中国の本心が垣間見える出来事であった。

おわりに

すでに述べたとおり、馬英九政権は「一九九二年コンセンサス」を基礎として、まず中国との対話を再開し、その後に自らが主張した同コンセンサスの内容である「一つの中国、それぞれが表現」の実現を試みた。しかし、それは国民党本土派や民進党などが納得し、中華民国を中国に承認させるような、独自の国際的地位を得るという段階には届かなかった。まさにこれが台湾の世論が馬英九政権の対中国政策に対する不安を払拭できなかった一因であろう。

長期的に見れば、中国は馬英九政権やそれ以前の国民党との交渉で、少しずつ譲歩を見せたことは事実である。「一つの中国」を曖昧にした「一九九二年コンセンサス」という言葉を受け入れたことや、

「中華台北」名義での国際社会への参加を容認したこと、そして、閣僚会談や双方の首脳が職位を隠しつつも（決して個人的なキャパシティというわけではなく）会談したなどがそれである。しかし、馬英九政権が努力しても、僅かな譲歩しか中国から引き出せなかったこともまた事実である。そのため、「一つの中国」原則を掲げることで台湾世論や本土派から受ける「売国奴」いう疑念を晴らすことができなかった。これもまた事実である。

最後になるが、八年という任期のうち、台湾の国際的地位に関して馬英九が中国側から引き出した最大の譲歩は、政権発足から半年で実現したＷＨＯ総会へのオブザーバー出席などの参加と「中華台北」の名義を容認したことである。しかし、その後、それ以上の譲歩は見られなかった。さらにこのオブザーバー参加は、中国の裁量が大きく影響するものであり、中国の判断で中断が可能なものであった。今後の展開次第ではこの僅かな譲歩すら撤回される可能性すらある。このように考えると、少なくとも馬英九政権の八年を見る限りで、「一九九二年コンセンサス」は中台対話を再開、継続させる鍵になったが、台湾の国際社会への参加の鍵になったとまでは言えない。

それ以降の流れとして、蔡英文は二〇一二年の総統選挙で九二年コンセンサスを認めないことを宣言し、二〇一六年総統選挙では、九二年の台中会談という歴史的事実は尊重するが「九二年コンセンサスは唯一の選択肢ではない」と述べた。頼清徳は、総統選挙中も蔡英文路線を継続する旨を一貫して主張してきた。九二年コンセンサスは、今後一体どのような意味を持つようになるのか、あるいは一つの歴史的事実としての意味しか持たないのか、推移を見守りたい。

【追記】

なお、本章は、浅野和生（平成国際大学教授）、漆畑春彦（平成国際大学教授）、清水文枝（平成国際大学准教授）、野澤基恭（東京国際大学教授）による令和六年度平成国際大学共同研究として、同大学の研究助成を得て執筆したものである。

参考文献

・ROC Taiwn.org https://www.roc-taiwan.org　2016-3.07　2020.3.27

・小笠原欣幸　東京外国語大学　「92年コンセンサス」 https://www.tufs.ac.jp

・竹内孝之「１９９２年コンセンサス」の有用性と限界「馬英九政権期の中台関係と台湾の政治経済的変動」アジア経済研究所、二〇一七

・舛添要一「台湾、頼清徳が総統就任・・台湾有事どうなる?・」
https://ameblo.jp shintomasuzoe　2024-06-07

・杉原高嶺『基本国際法』（第四版）二〇二三、有斐閣

第四章　鴻海の中国進出と戦略

平成国際大学教授　漆畑春彦

1　世界最大EMS「鴻海精密工業」の事業成長

（1）EMSの世界最大手

鴻海精密工業股份有限公司（Foxconn Technology Group、以下「鴻海」と略記）は、一九七四年に創業、電子機器の生産を請け負う電子機器受託製造企業（Electronics Manufacturing Service：EMS）として世界最大の企業グループである。鴻海科技集団（Hon Hai Precisionnology Group、富士康科技集団）、鴻海精密工業（Hon Hai Precision Industry）、鴻準精密工業（Foxconn Technology and Services）、富士康国際控股集団（Foxconn International Holdings）、群創光電（Innolux Corporation）といった大企業から構成され、二〇一六年に買収されたわが国の有力電機製造シャープもその傘下にある。台湾、米国、中国、ベトナム、インドネシア、インド、トルコ、ポーランド、チェコ、スロバキア、メキシコ、ブラジルといった国々に製造工場や研究開発拠点を展開している。

企業名「鴻海」の由来は、「鴻飛千里、海納百川（大きな雁は千里を飛び、海は全ての川を納める）」の意味で、自社が大きく羽ばたくよう期待したものである。EMSは、自社ブランドを持たず、他社の委託を受けて他社ブランドの製品を一貫生産する企業形態である。製品を発注するブランド企業に代わり、製品の設計、試作、部品調達、製造、発送、補修などを一括して担うビジネスモデルをとっている。一九九〇年年代後半、世界初のEMS、米カリフォルニア州に本社をおくソレクトロン（Solectron）が大きく成長していた。同社は、一九八八年以降コンピュータ関連部品の受託生産を拡大し、EMS

鴻海精密工業の本社ビル
（出所）Hon Hai Precision Industry Home Page

のビジネスモデルを確立したとされる。二〇〇〇年代以降、鴻海は世界で百万人以上の従業員を雇用し、世界の一流企業から大口の委託生産の注文を受け、世界各地で事業拡大をし、現在もなお売上高や利益を伸ばし続けている。

鴻海のＥＭＳ参入は一九九九年のことだが、圧倒的なコスト競争力を武器に、次々と大手多国籍企業から大口注文を取り付け、業績を急拡大させた。二〇〇四年、ＥＭＳ最大手シンガポールのフレクストロニクス（Flextronics）を抜き、世界最大のＥＭＳとなった。フレクストロニクスはその後ソレクトロンを買収したものの、事業規模は鴻海には及ばなかった。

鴻海の主要顧客は、米国のアップル、マイクロソフト、インテル、アマゾン、デル、ヒューレット・パッカード、シスコシステムズ、モトローラをはじめとして、ノキア、ソニー、パナソニック、東芝、キヤノン、シャープ、任天堂、ＫＤＤＩ、レノボ、サムスンといった国際的大企業である。製造製品は、パソコン、プリンター、携帯電話、音響機器、携帯端末、ゲーム機、テレビ、液晶パネル、半導体、サーバー、自動車などに関連する電子製品である。鴻海は、二〇〇〇年代に入り急速な成長を遂げ、二〇〇一年には台湾最大の製造業、二〇〇二年には中国最大の輸出企業となった。また、二〇〇四年には、パソコン（Computer）、通信機器（Communication）、消費者向け電子機器（Consumer Electronics）といった「３Ｃ」の受託製造業者として世界最大、二〇二二年にはフォーチュン誌の〝Fortune Global 五〇〇〟で第二十位にランクされるようになった（二〇二三年鴻海年次報告書）。

（２）鴻海の事業と業績

現在の鴻海の主要事業、主要商品の概要は図表一に示す通りである。主要事業は、パソコン、スマートフォンなど情報コミュニケーション機器（ＩＣＴ）、オートメーション機器、オプトエレクトロニクス、精密機械、自動車関連装置・部品など多岐にわたっている。この数年は、情報通信機器に加え、電気自動車（ＥＶ）、ロボティクス、デジタル医療、人口知能（ＡＩ）、半導体、次世代通信機器の製造に進出している。さらに二〇二三年には、スマート工場、スマート電気自動車（ＥＶ）、スマートシティに関するプラットフォームを立ち上げた。これは鴻海が、高水準の技術をもって製品を受託製造する企業から、プラットフォームを基盤に様々なソリューションを提供する企業に転身する足掛かりとする試みと位置付けられている。

主要事業	・情報コミュニケーション（ICT） ・オートメーション機器・装置 ・オプトエレクトロニクス関連機器 ・精密機械 ・自動車関連装置・部品 ・消費者向け電子機器（スマートフォン、ゲーム機等） ・電気自動車（EV）関連機器、ロボティクス、デジタル医療機器、AI関連機器、半導体製造、次世代通信機器
	【2023年の進出分野と経営方針】 ・スマート工場、スマートEV、スマートシティ関連のプラットフォームの立ち上げ ・これを機に、技術製造企業からプラットフォームソリューション企業への転身を目指す
主要製品	①消費者向けスマート電化機器 ・スマートフォン、フィーチャーフォン（高機能電話）、ウェアラブルデバイス、家庭用エンターテインメント・システム、ゲーム機、セットトップボックス（家庭用通信端末）、スピーカー ②クラウド・ネットワーク関連機器 ・サーバー、ネットワークコミュニケーション機器（企業・消費者向け）、クラウド・ストレージ関連設備としてのルーター、サーバー、エッジ・コンピューティング、データセンター、衛星通信 ③パソコン関連機器 ・ノートパソコン、デスクトップパソコン、タブレット、オフィス機器、コピー機 ④部品その他サービス ・コネクター、精密光学部品、レンズ、エレクトロニクス関連部品、半導体関連部品、自動車電子部品等 ・流通・倉庫、ソフトウェア、ヘルスケアサービス、インターネット・インテグレーション・ソリューション等
重点分野 事業方針	・鴻海は、労働集約的産業から頭脳集約的産業への転換を進めている（F1.0,F2.0,F3.0戦略） ・「3+3カテゴリー」：電気自動車、ロボスティクス、デジタル医療、AI、半導体、次世代通信への経営資源の集中 ・鴻海にとり、電気自動車と半導体は特に有望な分野であり、引続き海外の生産拠点、関連するソフト・ハードを重点的に拡充する方針 ・鴻海のBOLモデル（Build,Operate and Localize）に基づき、経営資源の最適配分を行うために現地パートナー企業と協力の上、引続きグローバルな生産体制の構築を進める ・鴻海が推進するCDMS（Contact Design and Manufacturing Service）ビジネスモデルによって、顧客企業は製品のすみ分けとブランド構築に集中する一方、鴻海は、製品設計、部品・本体製造に集中するという分業が可能になる。CDMSモデルを通じ適時かつ最小コストの生産を実現することで、顧客企業はますます熾烈を極める競争に対応することが可能になる。今後もCDMSビジネスモデルを進化させる。

図表１　鴻海グループの事業概要

（出所）Hon Hai Precision Industry Annual Report 2023,p.107 より作成

二〇二三年度（二〇二三年十二月期）の鴻海グループの売上高は、六兆一六二二億台湾ドル（約二八兆四〇〇〇億円）、営業利益は一六六五億台湾ドル（約七七〇〇億円）、純利益は一四二〇億台湾ドル（約六六〇〇億円）、資本額一兆四九三一億台湾ドル（約六兆九〇〇〇億円）である（図表2）。

二〇二四年も引続き業績は好調である。二〇二四年一―三月期は、売上高が一兆三二三九億台湾ドル（約六兆四〇〇〇億円）と前年同期比九％減となったが、純利益は七二％増の二二〇億台湾ドル（約一〇六〇億円）となった。四―六月期の売上高は前年同期比一九％増の一兆五五〇〇億台湾ドル（約七兆九〇〇〇億円）、純利益は

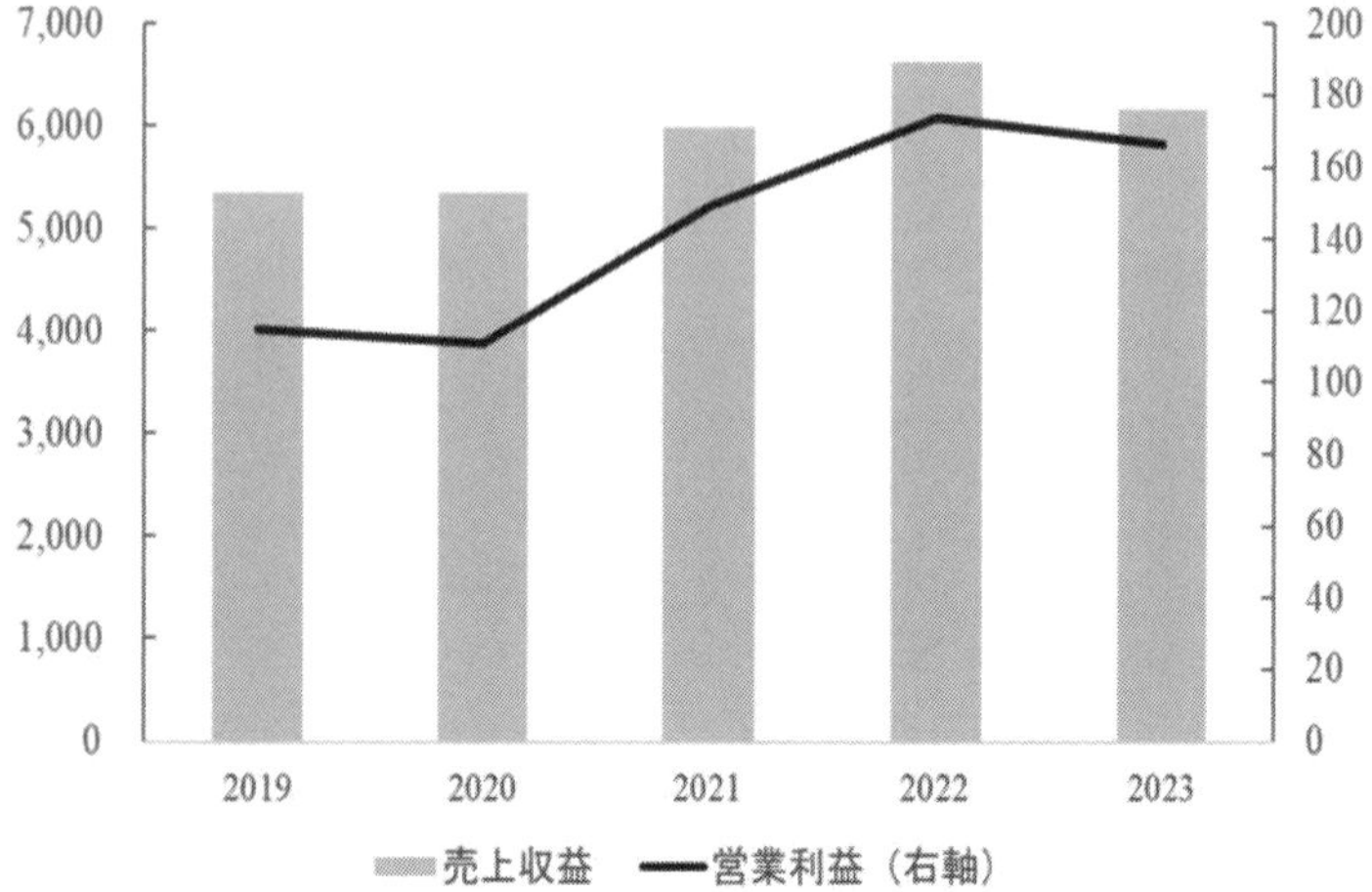

図表 2　鴻海グループの売上高・営業利益の推移（10 億台湾ドル）
（出所）Hon Hai Precision Industry Annual Report 2023,p.107 より作成

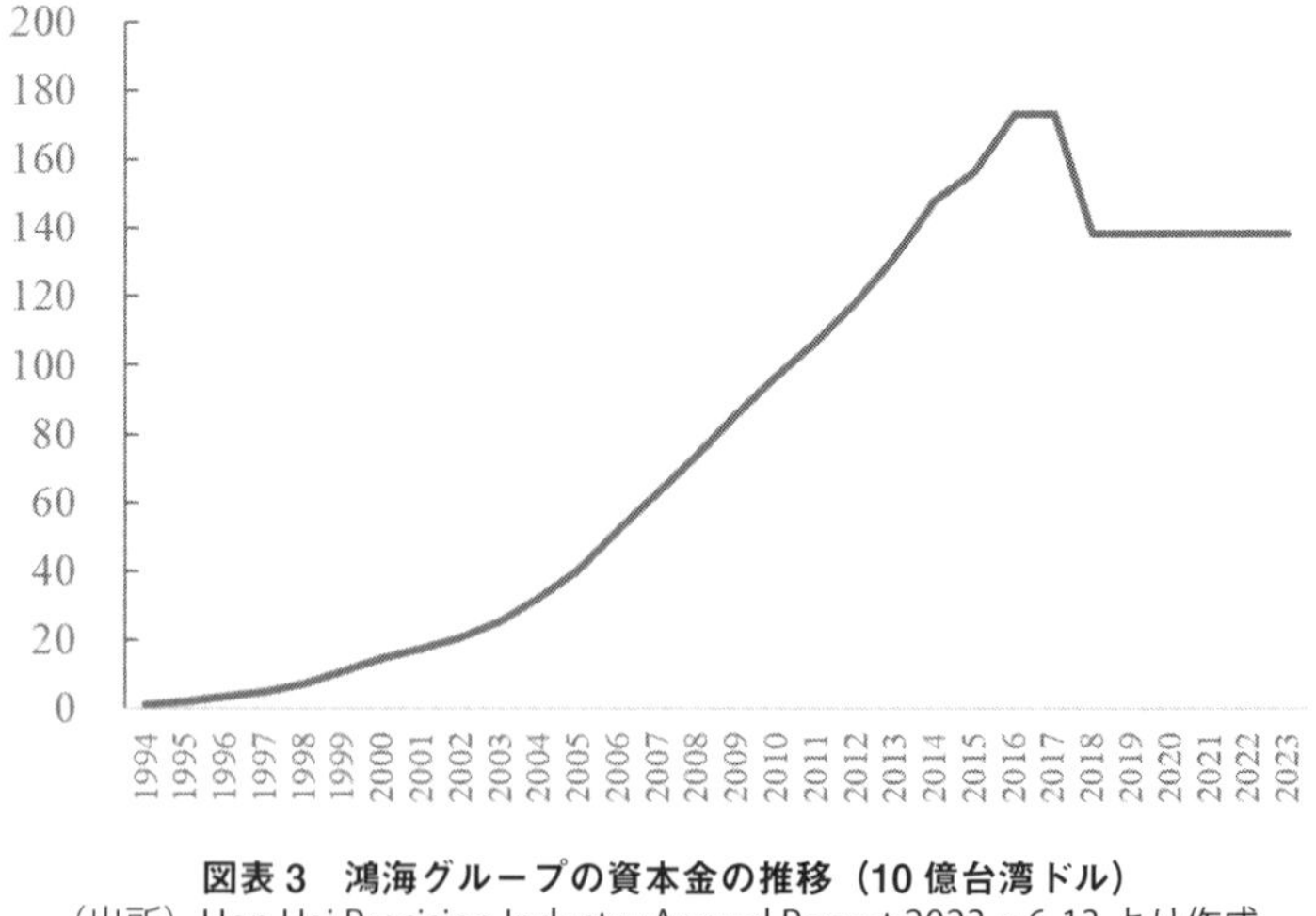

図表 3　鴻海グループの資本金の推移（10 億台湾ドル）
（出所）Hon Hai Precision Industry Annual Report 2023,p.6-13 より作成

三五〇〇億台湾ドル（約一六〇〇〇億円）、七―九月期の売上高は前年同期比二〇・二％増の一兆八五〇〇億台湾ドル（約八兆五九〇〇億円）とさらに加速、四半期売上高としては過去最高を記録した。また鴻海は、創業時からほぼ毎年利益をあげ増資を繰り返している。二〇二三年末現在の自己資本額（配当金支払後）は、一兆四一八二億台湾ドル（約六兆六〇〇〇億円）である（図表3）。

鴻海の製造製品は、パソコン、通信機器、消費者向け電子機器といった「3C産業」の製品が売上全体の九八％を占めている。鴻海は、米アップルの iPhone 生産で世界最大手であり、同社向け売上高は、二〇二三年で三兆六〇六六億台湾ドル、売上高全体の五八・五％を占めている（二〇二三年鴻海年次報告書）。この数年は、生成AI関連で需要の伸びる最先端のAI半導体、サーバー本体や部品の生産を手掛け、エヌビディア、インテルなど米半導体大手、アマゾンなど米クラウド大手を顧客としている。二〇二四年はAIサーバー（サーバーをデータセンター運営会社に供給する事業）、パソコン関連の売上が順調に伸びている。鴻海は、世界の大手ハイテク企業との緊密な関係を通じ、世界のAIサーバー製造の四〇％を確保することを目指している。EVの受託生産事業にも参入し、台湾市場に投入した初のEV「モデルC」は二〇二四年中に一万台以上を出荷する予定である。二〇二五年七―九月期にはEVバスも生産する計画である（Bloomberg News,Aug.14,2024,Oct.6,2024）。

（3）鴻海の創業

鴻海グループ会長の郭台銘（テリー・ゴウ）氏は、一九五〇年十月八日、台湾板橋市で誕生した。両親は、内戦で敗れ国民党軍とともに中国大陸から台湾に逃れた外省人だった。父親の郭齢瑞は警察官であり、郭台銘はその子三男一女の長男である。中学卒業とともに専門学校「中国海事専科学校」で三年間学び、一九七一年に海運大手の台湾復興航運公司に入社した。繊維製品の輸出に輸出割当制が導入される直前の頃、輸出の実績を作るために、繊維企業が海運企業に押しかけていた。郭はこれを見て、製造業とその輸出に可能性を感じ取った。その後兵役にも服し、軍隊退役後に林淑如と結婚し、男女一名ずつの子供に恵まれた。林淑如が早世した後、曾馨瑩と再婚し、さらに男女一名ずつの子供をもうけた（朝元照雄『台湾の企業戦略―経済発展の担い手と多国籍企業化への道』勁草書房　二〇一四年七月、一一八頁）。

一九七四年二月、郭は二十五歳の時に結婚資金の一部と妻の嫁入り持参金を元手に、台北県土城郷で「鴻海塑膠企業有限公司（資本金三〇万台湾元）」というプラスティック製品工場を立ち上げた。資本金のうち一〇万台湾元は郭が出資したが、これは彼の母親・郭初永真が無尽講で調達したものだった。創業当初の従業員は十五名、賃貸の工場は二五坪ほどの狭小な建屋だった（佐藤幸人『台湾ハイテク産業の生成と発展』岩波書店　二〇〇七年三月、二三四頁）。

創業当初の鴻海は、一九七三年に発生した第一次石油危機の影響を大きく受け、数々の困難に直面した。原料の価格高騰、世界規模の不況、資金も不足し大量生産もできず、出荷も安定した状況ではなかった。会社に出資したパートナーは次々と事業から撤退したが、郭は義父から七〇万元を借りてその株式を引受け、苦境を乗り切った。一九七五年に社名を「鴻海工業有限公司」と改めた（朝元［二〇一四］、一一七―一二三頁）。

鴻海の本格的な生産活動は、一九七六年、白黒テレビのプラスティック製「選局回転つまみ」の製造から始まった。やがて家電用のプラスティック部品に広がり、翌年には高圧陽極キャップの製造を開始した。金型は当初外注していたが、一九七七年、自社のプラスティック金具製造機器を導入し内製したことで、鴻海の部品製造能力は一段と高まった。一九七七年には大企業の大同股份有限公司などから電子用精密プラスティック部品、一九七八年にカラーテレビ用変圧器の高圧線筐体ユニット、一九七九年に米式電話ソケット部品の製造を受託するようになった。一九八〇年には工場を拡張し、テレビとラジオの部品製造を開始した。同年化学メッキ部門を設置した。

このように創業初期の鴻海は、家電用プラスティック部品の製造からスタートし、金具とメッキの製造を内製化して製造製品の幅を広げたことで、受託製造業としての基礎を築いた。この時期、鴻海は一九七四年の資本金三〇万台湾元から、一九七七年に二〇〇万元、一九七八年に六〇〇〇万元へと増資し、一九八二年には一六〇〇万元に達していた。石油危機には直面したものの実績を積み、創業から八年間で資本金は五十倍以上に増加したことになる。一九八二年には、社名を「鴻海精密工業株式会社（鴻海精密工業股份有限公司、Hon Hai Precision Industry Company Ltd）」に変更した。

郭台銘氏

郭台銘は、外省人の子供、父親郭齢瑞の職業は警官、自身の最終学歴は専門学校卒と、中国人社会で重要視される血縁、地縁、学閥のいずれの面でも優位な立場にはなかった。郭は、人並外れた人間力とバイタリティによって自らの事業拡大に突き進んでいった。一日平均十五時間勤務し、会社経営に全身全霊を捧げた台湾を代表するカリスマ経営者である。郭台銘は、米フォーブズ誌の世界長者番付に二〇〇一年以降ランク入りし、二〇〇七年に資産額五五億ドルで世界七八位、直近二〇二四年版の台湾長者番付では資産一〇四億ドルで第三位にランクされている大富豪である（フォーブズアジア版二〇二四年五月二十九日付）。

（4）コネクター事業の拡大

一九八〇年代になると、テレビやラジオは成熟品となり、台湾の部品製造業の多くが倒産の危機に直面した。この頃、郭台銘はパソコン製造の発展と将来性を意識するようになり、鴻海はコンピュータ、ゲーム関連機器の製造に乗り出した。一九八一年にはコネクターを開発し、その製造に進出した。鴻海は、前述の通り金型やメッキの技術を内製化しており、これを土台にコネクター製造工程の四割から五割を有していたことが、製造に乗り出す基盤となった。一九八〇年代のテレビゲームのブームに乗り、鴻海のコネクターは好調に売り上げを伸ばしていった。コネクターは鴻海の新たな看板商品となった（佐藤［二〇〇七］、二三五―二三六頁）。

コネクターから得た莫大な利益を基に、鴻海は一九八三年に四〇〇〇万元に大幅増資した。同年には、日本の最新設備を導入し、パソコン用コネクターを開発した。この時期、部門の新設や設備投資を矢継ぎ早に行っている。一九八四年には金属メッキ部門を設置、一九八五年には金属プレス部門を設置し、スイス製の高速プレス機を購入している。一九八七年には一億元の巨額を投じ、四十八台のCNC射出成形機を設置した。一九八八年には、米国のマクドナルド社、DEC社からCAD／CAMシステムを導入した。工場も大幅に拡張している。一九八二年に台北郊外の土城にあった床面積七百三十坪の工場を購入、一九八六年には敷地面積一万千六百坪の工業用地を購入し、翌年には大規模な自社工場を建設した。一九九〇年代に入る頃には、鴻海のコネクター事業は、回路基板コネクターからシステム用コネクター、電線・ケーブルユニット用コネクターに拡大し、多様な品揃えを実現していた。

(5) パソコンの生産受託事業

一九九〇年代に入るとパソコン市場が本格的に成長したが、一九九〇年代後半には大手パソコン企業間の低価格競争に入るようになった。一九九五年、米国のデルは、パソコンのネットや電話による直接販売方式を採用し、低価格戦略によって販路を拡大していた。コンパック社も、一九九七年に一〇〇〇ドル以下のパソコンを売り出した。しかし、低価格競争や製品ライフサイクルの短縮化で各社は疲弊し始め、収益悪化に見舞われるようになった。大手パソコン企業は低価格競争に対応する形で、最終消費者からの受注生産方式（Build to Order：BTO）、受託製造企業への生産委託方式を採用するようになった。過去の市場需給を予測し製造する需要予測生産方式（Build to Forecasting：BTF）方式ではなく、BTO方式という最終消費者の需要に応じた分を受注する方式に切り替えたのである。

ＢＴＯの採用により、需要予測と実際の販売数量の乖離及び在庫量を減らせるメリットは大きかった（朝元［二〇一四］、一二八―一二九頁）。

パソコン各社は、ブランド、研究・開発（Ｒ＆Ｄ）及び販売を自社に残し、製造、部品・在庫・物流管理などを外部の受託製造企業に委託するようになった。これに対し、当時の台湾企業は部品など川上から組立加工など川中段階まで、完全なサプライチェーンを有しており、米パソコン企業のニーズに守備よく応えることができた。台湾の受託製造企業には大きなビジネスチャンスが到来したのである。ブランド企業は、特にケースやパワーサプライをベアボーン（半製品）の形で調達したいと考えていた。鴻海は既に切削、プレスという金属加工やメッキの技術を備え、高水準なまでに蓄積していたことから、その調達先に選ばれた。当時、金型からケース、フロッピディスク・ドライブまでひとまとめに請け負える製造業者は非常に限られていた。鴻海は、その製造能力をもって一九九六年からケースを製造し、ベアボーンを組み立て、出荷し始めた。最初の顧客は米コンピュータ製造大手コンパックだった（佐藤［二〇〇七］、二三七―二三八頁）。

二〇〇〇年代に入ると、パソコンの需要はデスクトップからノート型パソコンに移り、低価格化が進むなか、半導体集積回路（ＡＳＩＣ）、半導体記憶装置（ＤＲＡＭ）といったチップユニットの整合機能が重視されるようになった。マザーボードの配線設計、製造価格の掌握に重点が移り、製造の精密化と生産効率がより追求されるようになった。マザーボードの設計後には、表面粘着技術で数百に及ぶチップを装着し、精密機械による量産技術が求められるようになった。鴻海は、グループ企業の総力をあげて、ノートPCの研究・製造スタッフを集約し、パーツ、プラスティック型、熱伝導、ファン、マグネシウム筐体の開発・製造に注力した。

（6）垂直・水平方向の展開

鴻海は、中国製造拠点の多様な工場による低コスト生産体制を武器に、パソコン製造から垂直的・水平的にさらに事業を拡大させた。垂直方向としては例えば、顧客の要求に応じ、一九九九年からマザーボード（パソコンのパーツを接続する土台となる基盤）の製造を開始し、最終組立てにも参入した。また、パソコン製造を通して身に付けた受託製造のノウハウを活かして、パソコン以外の製品の受託製造へと水平方向に事業展開を進めた。例えば、龍華工場団地内に、ネットワーク機器製造世界最大手のシスコシステムズと共同で「富思科研究開発センター」を設立し、二百名以上のネットワーク技術者を養成するなど、情報システム分野を強化した。二〇〇一年には北京に製造拠点を設け、携帯電話端末のケースの製造、続いてそのプリント基板への部品の装填を受託し、二〇〇二年からは製品の組立ても請け負うようになった。また、この頃、ソニーからプレイステーションの受託製造を勝ち取り、二〇〇二年には、子会社の華升電子が任天堂のゲームボーイ、ゲームキューブの製造を受託するようになった。

パソコンから携帯端末やゲーム機にまで製造受託の範囲を広げた鴻海は、二〇〇一年に台湾における最大の民間製造企業となり、二〇〇二年には中国最大の輸出企業となった（二〇一三年鴻海年次報告書）。二〇〇〇年代初めには、台湾系ＥＭＳの現在の姿が出来上がりつつあった。

一九九〇年代から顕著となった経済のグローバリゼーションの下、ＩＴ関連部品は国際競争の激化によって、利益率の低減、製品のライフサイクルの短縮化が顕著になっていた。欧米のブランド企業は、コスト競争に対応すべく製品・部品の外注比率を高め、受託生産、ＥＭＳ事業はさらに拡大することになった。二〇〇〇年代以降、台湾のＥＭＳ事業はそれまでの前工程の部品製造の受託から、中工程の量産化の組立・製造、さらに後工程の販売・配送、アフターサービスまでに拡大するようになっていた。ブランド企業は部品の設計・開発や販売を担当し、残りはほとんどをＥＭＳが受託・担当する構図が出来上がった（朝元［二〇一四］、一三三―一三四頁）。

二〇〇〇年代の大手ＥＭＳは、サプライチェーンの管理を通じ、コストと品質の管理及び効率性の追求を結び付け、納期の短縮を図るようになった。また、マザーボード、モデム、バッテリーパッド（電源供給器）、液晶パネル、ＤＶＤなどパソコンの重要部品を製造するようになった。これら重要部品の設計・製造能力、特許を通じ、知的財産権の掌握、量産化による製品単価の低減、アフターサービスの提供が可能となった。

（７）ハイテク事業の拡大

二〇〇二年、鴻海は六年以内に「製造の鴻海」から「ハイテクの鴻海」に転換する経営方針を発表した。台北にグループの世界運営本部とＲ＆Ｄセンターを設立し、台湾でＲ＆Ｄ、世界各地で製造、世界で販売するという構想を発表している。鴻海グループのグローバル運営本部とR&Dセンターを台北に設置し、台湾でR&Dを行い、世界各地で製造、世界で販売するグループ構想を立てた。この時、鴻海は三年以内に自動車部品市場に進出する計画も表明している（朝元〔二〇一四〕、一三五頁）。

これ以降、鴻海が取扱う製品は、パソコンや通信機器からより高度な技術を要するハイテク製品に拡大していく。製造する製品が一段と高度化した契機の一つとして、二〇〇〇年に、チェコで光通信事業群の工場を設置したことがあった。鴻海は光通信分野の製造能力をもって「光鳳凰計画」を展開した。新規分野の製造能力を備えるため、二〇〇二年以降の鴻海は、世界各地でM&Aを推進し、通信電子部品、消費者向け電子部品、自動車電子部品といった製造技術を取得していった。

中国では、二〇〇三年に鴻海グループ企業として群創光電を設立し、液晶パネル（LCD）の製造を開始した。群創は二〇〇三年四月に小寸法液晶の後工程モジュールの量産化を開始し、同年七月にはパネル工場を建設するとともに、大寸法の後工程モジュールの量産化を開始した。二〇〇四年十月には、ノートパソコン用液晶パネルの量産化が始まった。二〇〇六年十月、群創は台湾証券取引所に上場、さらに二〇一〇年に旧奇美電子（一九九八年創業）と統宝光電（一九九九年創業）を買収し、合併後の社名をいったんは「奇美電子（Chimei Innolux）」としたが、二〇一二年十二月に再び社名を「群創光電（Innolux Corporation、イノラックス）」に戻した。群創光電は、台湾に数多くの液晶パネル工場を擁するほか、中国にも深圳龍華、寧波、南京、南海、上海などに生産拠点を持っている。現在十万人規模の従業員を雇用し、液晶パネル製造で世界の三指に入っている。

鴻海は、二〇〇四年にカラーフィルター製造、オプトエレクトロニクスの展茂光電に出資、台湾パソコン大手エイサーの系列だった無線通信機器の國碁電子を買収し、ネット通信部門を強化した。この時点で鴻海の二〇〇四年売上高は、シンガポールのフレストロニクスを抜き、世界最大のEMS企業となった。二〇〇四年には、奇美通信が鴻海グループ入りして携帯電話の設計・開発が強化され、安泰電業が続いてグループ入りしたことで、鴻海は「3C産業」に加え自動車電子製品に進出する第一歩を踏み出した。さらに二〇〇六年には、世界最大のデジタルカメラ受託生産の普立爾科技（プレミアイメージ・テクノロジー）が鴻海グループ入りし、機械・光電部門が大幅に増強された（朝元［二〇一四］、一三七―一三八頁）。群創光電をはじめとするグループの大企業の下には多数の中堅・中小企業が鈴なりに存在し活動しているが、そうした企業もまた台湾国内、中国の深圳龍華を中心に製造拠点を展開している。

鴻海はその後も主に専門技術を持つ企業の買収によって、EV、ロボティクス、デジタル医療、半導体、次世代通信、AI関連機器の分野に乗り出し、現在は大規模かつグローバルなコングロマリットを形成している。

2　海外展開と中国進出

（1）海外進出の本格化

一九八〇年代半ば、鴻海の社員数は一〇〇〇人を超え、売上高も一〇億台湾元に近づくまでに成長していた。ビジネスにおいて欧米企業との連携が増加するにつれ、海外進出も本格化した。一九八五年、米国支社を設け、「フォックスコン（Foxconn）」の自社ブランドを採用した。一九八八年にカリフォルニア州サンタクララに子会社フォックスコン・インターナショナル（Foxconn International Inc）、香港にフォックスコン・ファーイースト（Foxconn（Far East）Ltd.）を設立した（朝元［二〇一四］、一二七―一二八頁）。一九八九年にマレーシア、一九九二年にはシンガポールに現地法人を設立し、東南アジアの製造・設計及び販売体制を整えた。一九八九年には、欧州ビジネスの拠点としてオランダに現地法人、物流センターを設立し、以後アイルランドやチェコ、ハンガリーなど東欧各地にも拠点を展開した。

鴻海は、海外ブランド企業との協力により、緊密なパートナーシップ契約を結び、一九九〇年代にはアップル、ヒューレットパッカード、コンパック、インテルといった米大企業と部品、システムを共同開発するようになった。例えば、一九九〇年にコンパックとパソコン用のコンタクター（電気的に制御されたスイッチングデバイス、電磁接触器）を開発、インテルともコンダクターを開発した。

また、一九九〇年代の鴻海は主にパソコンの筐体の製造を行っていたが、筐体の体積や重量は大きく、輸送コストを抑えるためにブランド企業の近隣に組立工場や倉庫を設ける必要があった。パソコン顧客のニーズにリアルタイムで応えるために、二〇〇一年に米テキサス州ヒューストンに物流拠点を設立し、二〇〇二年にメキシコ工場、二〇〇三年にハンガリー工場を設立、二〇〇五年にはヒューレットパッカード（ＨＰ）のインド、豪州工場を買収し、ＨＰ製品のアフターサービスを担うようになった。同年には、ウクライナ、豪州、インドに物流センターを設置している。

一九九一年六月、鴻海は台湾証券取引所に株式上場を果たし、次の段階に進むことになった。一九九〇年代以降現在まで、鴻海の飛躍の原動力となったのが、中華人民共和国（中国）の生産拠点だった。二〇〇〇年代までに、中国を中心としたグローバルな研究・生産・販売体制が整った。

（2）中国進出と背景

中国大陸では、当地の拠点全体を統括する鴻海科技集団が「富士康科技集団」という名称で事業を展開している。現在、鴻海科技集団は本社を上海市浦東新区におき、中国大陸で三十以上の工場を持ち、約百三十万人の従業員を雇用している。グループ最大の企業であり、鴻海の中国における実働部隊である。「富士康」は、「聚才乃壮、富士則康（人材を集めれば会社は壮大になり、人が富めば健康な生活ができる）という意味である。中国では「鴻海」は知らなくても「富士康」の知名度は高い。

必ずしも単位あたりの利益率が高くない受託製造業の性格から、鴻海は大規模な製造拠点を展開し、規模の経済を効かせて利益を得るビジネスモデルをとらざるを得なかった。安価で雇える労働力と安価で広大な土地の確保が不可欠であり、海外進出する際にも人件費や土地代の安価な国・地域が優先的に選ばれた。一九九〇年代初め、台湾の基本給は月一万元（五・四万円）を超えていたが、中国では約五〇〇人民元（約一万円）と大きな格差があった（喬普建「覇者・鴻海の経営と戦略」ミネルヴァ書房二〇一六年三月、一七〇頁）。台湾では職を選ぶことができたが、中国では職を求める若者があふれ工場前に列をなしていた。当時の中国の人件費は安く、広大な土地が開発の手を待っていた。一九七八年に鄧小平政権が打ち出した改革開放政策の下、中国では国も地方も企業を誘致するために様々なサービスと優遇税制を用意していた。一九八七年七月、台湾では戒厳令が解除され、同年十一月に台湾住民の大陸への親族訪問や視察が許可されるようになったのを機に、鴻海は中国大陸への進出を開始した。

一九八七年、鴻海はまず、「ハードウェアのシリコンバレー」といわれる広東省深圳で第一期龍華工場用地二二〇〇坪を購入した。一九八八年には、当地に富士康深圳龍華工場を設立、パソコン周辺機器の部品製造を開始して以降、一九九〇年代には江蘇省昆山をはじめ中国各地に現地法人、企業、工場を設立してきた（図表４）。一九八八年、鴻海は創業一五周年を迎えていた。この時の売上高は一〇億元（約四五億円）を超えていたが、その年に初めて五ヶ年経営計画を発表し、五年以内にコネクターメーカーの上位二十位に入るという目標を掲げた。それを達成すべく鴻海が打ち立てた世界戦略の基盤となったのが、安価な労働力と広大な土地を擁する中国の生産拠点であった。郭台銘にとって中国は、「鴻海の製造技術の実験場であり、製造とマーケティングの世界最高峰に挑戦する場」だったのである。

龍華工場は、一九九二年から本格的に生産を開始した。同工場は、長く世界最大のデスクトップPCの組立工場であり、一九八八年から一九九八年まで中国における製造拠点の中核だった。深圳龍華

中国進出状況				その他海外拠点の設立		
年	新設会社・工場	所在地	製造製品	新設会社・工場	所在地	製造製品
1988	Foxconn Far East（HK）	香港	-	R&D Center	米加州サイプレス	R&D
1989				物流センター	オランダ	
1992	富士康精密組立工場	広東省深圳	パソコン周辺機器・部品			
1993	昆山工場	江蘇省昆山	パソコン周辺機器・部品	BM Engineering Inc.	米加州サニーベール	
1994				Foxconn UK Limiter	英国	
				Foxconn（Ireland）Limiter	アイルランド	
1995	富士康電子工業発展	江蘇省昆山	パソコン周辺機器・部品			
	富弘精密	広東省深圳	電子部品			
	富金精密工業	広東省深圳	電子部品、パソコン筐体、ノートPC、デジタル通信メディア設備、新型ディスプレイ			
	富星精密	江蘇省昆山	光電関連の精密製品、通信デジタル用設備、デジタルメディア部品設備			
	富頂精密	広東省深圳	通信用パソコン向け部品・計器			
	鴻准精密金具（深圳）	広東省深圳	電子部品			
	鴻准精密金具（昆山）	江蘇省昆山	電子部品			
1996	パソコン筐体製造センター	北京市	パソコン筐体、ベアボーンキット	Foxconn EMS Inc.	米加州フラートン	
				Precision technology Investments Pte.Ltd.	シンガポール	
				Foxconn Japan Co.Ltd.	日本	R&D
1997	富瑞精密	江蘇省昆山	回路基板、回線、ケーブル	Foxconn Pecs Kft（Hangry）	ハンガリー	
	宏業精密	広東省深圳	情報関連製品・部品			
1998	康准電子	江蘇省昆山	電子部品、精密金具	Foxteq UK Limited	英国	
				Renfrew Factory	英スコットランド・レンフルー	
				New Technology Inc.	米加州サンタクララ	設計・金具の短期間交付
				MeArt Technology Inc.	米加州サイプレス	光電機部品
1999	富泰捷精密	広東省深圳	パソコンのキーボード、部品	PCE Industry Inc.	米テキサス州オースティン	
	富泰捷科技	広東省深圳	ソケット、低電圧部品	Foxteq（Ireland）Ltd.	アイルランド・マリンガー	
	富泰嘉精密	広東省深圳	パソコン部品			
	鴻富錦精密	広東省深圳	精密金具、計器及び関連部品			
	宏業精密	江蘇省昆山	パソコン部品			
	富普精密	山西省普城	パソコン筐体、関連プレス部品			
	富錦順精密	広東省深圳	パソコン筐体、関連プレス部品			
	富弘精密	江蘇省昆山	パソコン部品			
	宏訊電子工業	浙江省杭州	パソコン、光電、通信関連部品、プリント基板			
	競争視訊科技	広東省深圳	CD、VCD、DVD、DVD—Romの光読み取りノズル、ユニット及び装置			
2000				Foxconn CZ s.r.o（工場）	チェコ	光通信事業

図表 4　鴻海の中国進出の過程（1990 年代）

（出所）佐藤［2007］、朝元［2014］より作成

は貿易に適し、湖南、四川など中西部からの豊富な労働力を安価で雇うことができた。龍華工場では、コネクターなどの関連部品の製造を担いつつ、並行して工員を養成し、金型の製造加工、コネクター・配線・PCの筐体などの製造を行った。

一九九〇年代、台湾の資本集約型産業では、第二次中国投資ブームが起こった。当時の富士康は既に十分な実績と生産能力を備えていたため、深圳と昆山に各々科学技術工業団地を設立し、新たな成長拠点とした。鄧小平が南巡講話で改革・開放政策を説いたのを受け、一九九三年には積極的に深圳に進出し、長江デルタにまで製造拠点を広げた。それからさらに北上を始めて北京、山西、山東省に進出した。

一九九〇年代末からは、中国において広東省深圳、江蘇省昆山のほか、江蘇省の他都市、山西省や天津などにも工場を設置するようになった。一九九九年、山西省普城に富普精密金具有限公司を設立した。普城は、一九四九年前後に共産党に敗れ蔣介石とともに台湾に渡った郭一家の故郷である。郭は、「故郷に錦を飾る」勢いで、当地にパソコン、通信機器、消費性電子機器の「3C」産業を定着させるべく、鴻海の巨大工場を建設し、同省の太原、運城などに橋梁や道路の舗装、水道の舗設や、教育、貧困救済といった福祉事業に多額の寄付を行った（東洋経済オンライン二〇一三年二月二十八日付）。

二〇〇二年には江蘇省蘇州にコネクター工場を設置している。

二〇〇五年以降は、北部、渤海湾岸の経済圏に進出している。二〇一〇年には、天津経済技術開発区に鴻富錦精密電子（天津）有限公司を設立してパソコン部品の受託製造を開始、二〇一三年にはク

フォックスコン深圳龍華（Longhua）テクノロジーパーク
（出所）Hon Hai Precision Industry Home Page

フォックスコン鄭州（Zhengzhou）テクノロジーパーク
（出所）Hon Hai Precision Industry Home Page

フォックスコン武漢（Wohan）テクノロジーパーク
((出所）Hon Hai Precision Industry Home Page

ラウドコンピューティング研究開発製造拠点が稼働を始めている（日本貿易振興機構「知的財産ニュース」二〇一三年五月三十一日付）。二〇一〇年代に入り、深圳龍華工場などで労働者の自殺事件、労働争議、ストライキなどが相次ぐなか、製造拠点は湖北省武漢、重慶市、四川省成都と西方に設置されるようになった。これは、労働者の故郷に近く、深圳に単身赴任しなくても通勤できる場所に製造拠点を設けることで、彼らのストレスに配慮したものである。

現在、鴻海の中国拠点は、研究開発、製造、販売その他と多岐にわたっている。鴻海子会社が管理する形で、中国には、広東省深圳龍華区（Longhua）、山東省煙台（Yantai）、山東省威海（Weihai）河南省鄭州（Zhengzhou）、四川省成都（Chengdu）、重慶市（Chongqing）、湖北省武漢（Wohan）に巨大工場群、テクノロジーパークを擁している。各々のテクノロジーパークは、膨大な従業員数を擁するゆえに、生産設備以外にも従業員住宅、カフェテリアや娯楽施設を有し、さながら小都市の様相である。これら工場からは、情報通信機器、スマートフォンなど消費者向け電子機器、精密機械から電気自動車、ロボティクス、AI、半導体、次世代通信関連機器・部品など非常に多様な製品が製造され、世界に供給されている。

3　鴻海の中国離れ

（1）台湾企業の中国離れの要因

二〇一九年三月、鴻海は台湾高雄市にデータセンター関連機器の工場を建設する計画を発表した（日本経済新聞二〇一九年三月十七日付）。鴻海と高雄市は、ＡＩ関連産業の育成に向けた提携で合意した。米中貿易摩擦が激化するなか、米大手企業などからデータ処理に係る敏感な機器の生産を中国の外に移す要請が高まっていることに応えた措置である。続いて同年五月、鴻海は、中国の天津、深圳工場の一部を高雄市に移転すると発表した（「経済日報」、二〇一九年五月九日付）。これも米中貿易摩擦の影響であり、台湾でハイエンドのクラウドコンピューティング用サーバーやネットワーク機器を生産し、米国、日本など中国以外の市場に供給する考えを表明した。輸出向け生産ラインは全て移転するという大規模な計画であり、鴻海は高雄市をサーバーなど生産の中心拠点とする方針を示した。

二〇一九年の台湾経済部の調査によれば、有効回答二千七百三十四社のうち、一五・八％にあたる四百三十二社が大陸や香港から生産ラインの移転を検討しており、移転先として最も多いのが、東南アジア、台湾であった。同じく台湾経済部によれば、二〇一九年六月時点で台湾企業八十一社が大陸からの投資シフトを表明していた。電子機器のＥＭＳ大手、仁宝電脳工業（コンパル・エレクトロニクス）は、米国向けルーター生産部門の一部を台湾に戻した。光宝科技（ライトン・テクノロジー）は、サーバー向け電源装置の生産を台湾で拡大させている（姫田小夏「iPhone 工場が中国からインドに移る背景」Livedoor News 二〇一九年七月二十日付）。和碩聯合科技（ペガトロン）、広達電脳（クアンタ・コンピュータ）、台達電子工業（デルタ電子）、台郡科技（フレキシウム）など、台湾のＩＴ機器メーカーも、二〇一九年以降製造部門の移転を始めていた（日本経済新聞二〇一九年三月十七日付）。

二〇〇〇年代以降、多くの台湾企業が中国に生産拠点を移し、台湾から輸入した電子部品をパソコンやスマートフォンなど最終製品にして欧米市場に輸出するというサプライチェーンを構築した。一方、高雄市をはじめ台湾の工業都市では、多くの工場の稼働が停止、若者が雇用を求めて大陸を目指すという空洞化が進んだ。台湾産業は中国に飲み込まれるという危機感が広がった。しかし、二〇一九年以降激化する米中貿易摩擦が状況を大きく変えつつあり、台湾経済に好循環をもたらすことに人々の期待は高まっているといわれる。二〇二四年二月、中国国家外貨管理局が発表した二〇二三年国際収支統計によれば、同年の中国対内直接投資額は前年比七七・五％減の四二七億ドルと大幅に減少した（図表5）。二〇二一年には過去最高の三四四一億ドルを記録したが、二〇二二年から二年連続で大幅減少となり、二〇〇〇年（三八四億ドル）以来の水準に落ち込んだ。

中国日本商会の「第二回会員企業景気・事業環境認識アンケート結果（二〇二三年十一〜十二月実施）」では、「二〇二二年より投資額を減らす」及び「二〇二三年の投資はしない」が四八％（前期比一ポイント増）、「大幅に増加させる」及び「増加させる」は一五％（前期比一ポイント減）、「前年と同額」は三八％。同第四回（二〇二四年七月下旬実施）では、「前年より投資額を減らす」及び「今年は投資をしない」が四五％（前期比で一ポイント増）、「大幅に増加させる」及び「増加させる」が一五％（前期比一ポイント減）、「前年同額」が四〇％（前期比同）だった。中国に進出する日本企業の半数近くが、対中投資を控える姿勢を鮮明にしている。

二〇一九年一月から、当時の蔡英文政権は、「歓迎台商回台投資行動方案」を推し進めた。米中貿

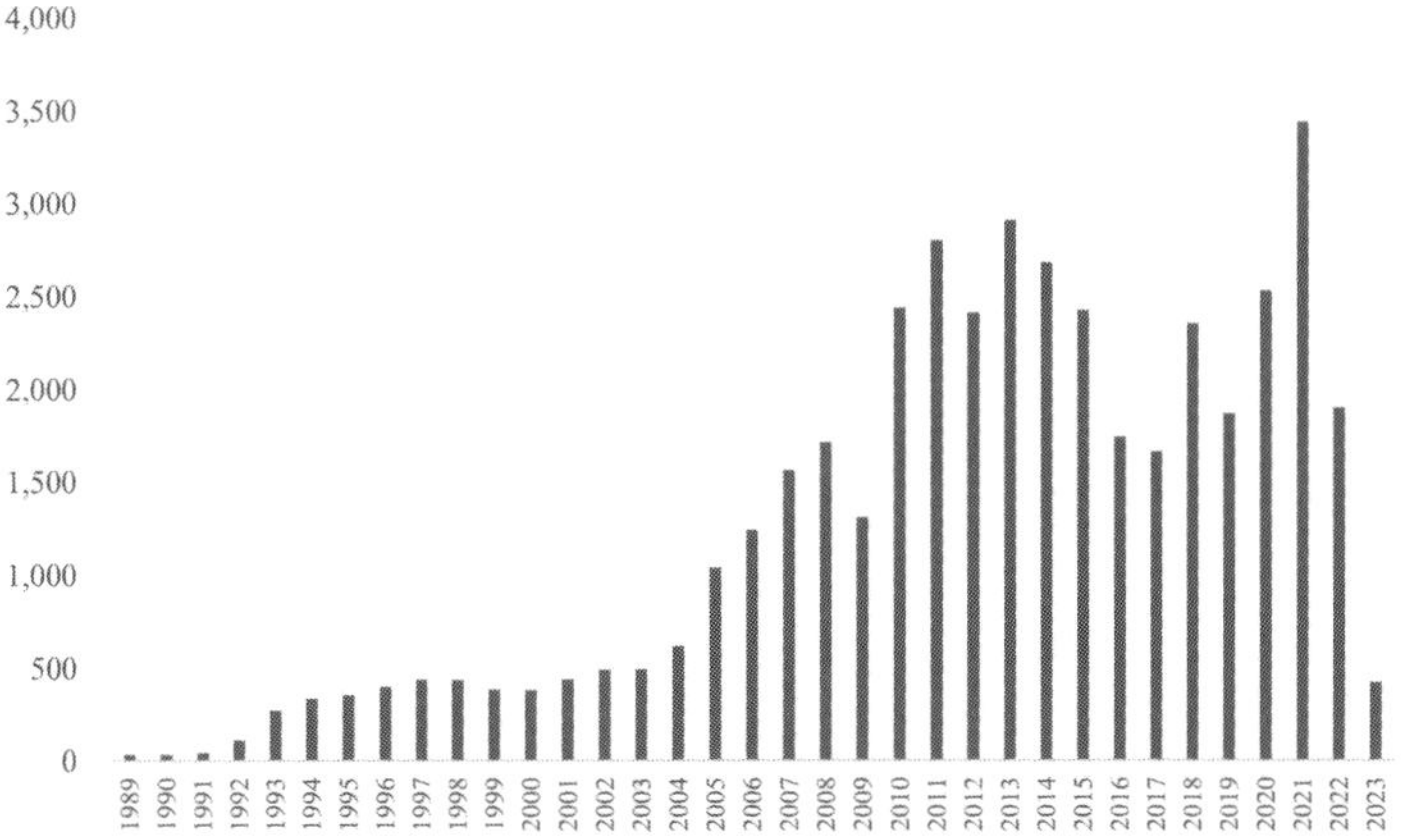

注）直接投資負債額のフロー

図表 5　中国の対内直接投資額の推移（1989-2023 年・億ドル）
（出所）中国国家外貨管理局統計より作成

易摩擦を好機ととらえ、中国本土に進出していた台湾製造業を呼び戻す政策である。台湾政府は、中国大陸から回帰する企業に対し、最初の二年間の工業用地における賃料を無料とするほか、電力や工業用水の供給を安定化させるための設備の増強を打ち出した。また、高度な技術を持つ技術者や生産ラインに立つ労働者を円滑に確保するため、採用窓口を一本化した。資金調達は、政府がハイテク技術を持つ企業の支援のために設立した「行政院国家発展基金」を母体とした低利融資制度を設けた（姫田、二〇一九年）。投資回帰を促すことで、台湾をハイテク製品サプライチェーンの中心にすることが狙いであった。

　これは、台湾に回帰する企業、製造拠点は一ヶ所に集中させず、台湾全土に分散させることで、台湾を「ハイテク産業の島」に成長させることを狙った政策でもあった。二〇一四年五月二十日、頼清徳新総統は、半導体を基礎とするハイテク産業によって、台湾を「ＡＩの島」にすると宣言した。台湾産業の実力を世界に知らしめた半導体を核に、ハイテク産業を「五大産業」に指定した。これも、蔡政権の目指した国内産業振興策を受け継いだものであり、米中対立の機をとらえた産業振興策が矢継ぎ早に行われている。

政府の政策対応の迅速さに加え、二〇一九年以降台湾企業が大陸から台湾に回帰するのには、いくつかの要因が考えられる。まず第一に、台湾製造業の最終顧客として重要なのは、中国ではなく欧米や東南アジアだったという点である。鴻海の二〇二〇年年次報告書によれば、二〇一九年の固定資産（生産設備、工場等）の六八・四％は中国に存在するが、中国の売上高シェアは全体の一〇・四％である。販売先としてより重要なのは、米国（売上高シェア三二・六％）、アイルランド（同二六・六％）であり、中国の売上シェアは低下傾向にある。二〇二三年では、固定資産の五七％は中国に存在するが、中国は販売先として全体の五％を占めるにすぎない（図表6）。販売先として重要なのは、米国（売上高シェア三四・三％）、シンガポール（同二一・一％）、アイルランド（同一九・八％）となっている。鴻海は中国全土に三十を超える生産拠点を擁するが、主要顧客は米アップルを中心とする米国企業であり、その生産活動は主に米国向けである。

第二に、二〇一〇年代半ば以降、台湾企業は中国の進出先で人件費、物流費、用地代などコスト上昇が顕著であり、生産拠点としての中国の魅力は薄れつつあった。中国の工場労働者の賃金は、二〇一五年からの十年間で三倍近くに上昇し、賃金や労働環境の改善を求めて争議が頻発するように

（10億台湾ドル・%）

	2023年末				2022年末			
	売上高	占率	固定資産	占率	売上高	占率	固定資産	占率
米国（USA）	2,111.9	34.3	57.9	11.6	2,368.5	35.7	55.3	11.3
アイルランド	1,217.6	19.8	0.01	0.002	2,172.8	32.8	0.01	0.003
中国	310.0	5.0	285.9	57.2	375.4	5.7	277.0	56.8
シンガポール	1,360.7	22.1	0.01	0.003	502.5	7.6	0.1	0.01
日本	256.3	4.2	0.2	0.05	282.2	4.3	0.4	0.1
ベトナム	2.4	0.0	42.3	8.5	1.5	0.02	36.3	7.4
メキシコ	5.4	0.1	30.9	6.2	5.2	0.1	22.3	4.6
インド	178.6	2.9	22.3	4.5	131.1	2.0	12.6	2.6
台湾	106.6	1.7	36.1	7.2	134.6	2.0	70.3	14.4
その他	612.9	9.9	24.5	4.9	653.1	9.9	13.2	2.7
合計	6,162.2	100.0	500.2	100.0	6,627.0	100.0	487.3	100.0

図表6　鴻海グループの地域別売上高・固定資産（10億台湾ドル）

（出所）Hon Hai Precision Industry Annual Report 2023,p.269より作成

なった。二〇一〇年、富士康の深圳工場で従業員の飛び降り自殺が続出し、中国で厳しい批判を浴びたことがある。従業員を自殺に追い込んだ原因は、低賃金、過酷な業務内容、厳しい上下関係、軍隊式管理など様々なものが指摘されている。二〇一二年には山西省の工場で約二千人規模の暴動が発生、iPhcne5を製造する河南省の工場で、従業員数千人によるストライキが発生した。翌年には煙台市の工場で学生に時間外労働をさせている事実が判明、批判を浴びた。鴻海をはじめ台湾系EMSの中国生産は、ある意味で限界を迎えていた。そこに米中対立が激化したことで、生産拠点の移転が前向きに検討されるようになったということであろう。

第三に、二〇一〇年代半ばから中国製造業が力をつけ始め、中国のサプライチェーンが台頭したことである。中国には、テレビ大手のTCL科技集団（TCLテクノロジー・グループ）、総合家電大手の創維集団（スカイワース・グループ）、白物家電の海爾集団（ハイアール）、パソコンの聯想集団（レノボ）、スマートフォンの華為技術（ファーウェイ）、小米科技（シャオミー）など大企業が揃って

いる。小米科技をはじめその多くは、台湾のEMS企業に製造を委託していた。この数年は中国製造業による製造の自社への取り込み、内製化の動きが強まっている。中国国内では八・五世代の大規模液晶パネル工場が次々と立ち上がり、世界最大規模の十・五世代の工場も現れた。スマートフォンも中国メーカー自身の生産が拡大している。中国政府は「技術の国産化」を強く打ち出しており、台湾などへの委託ではなく、自社生産への移行を後押ししている。

これに伴い台湾企業への受注が減少し、大陸の台湾系工場は熾烈な価格競争に巻き込まれるようになった。もっとも、中国のサプライチェーンの育成、それと台湾企業の競争は、製造を発注するアップルなど顧客企業の意思でもあった。中国、台湾の企業が低価格を競い合うことで、アップルは製造コストを減じることができたのである。

中国は半導体、ロボティクスなど高水準の技術力を誇る台湾企業を、自らのサプライチェーンに誘い込もうとした。「中国製造２０２５」を掲げ世界の製造強国を目指す中国には、さらなる技術導入を図る上で台湾企業は不可欠の存在だからである。二〇一八年二月末、中国政府（国務院台湾事務弁公室）は、「両岸経済文化交流合作の促進に関する若干の措置について」を発表し、台湾企業及び勤労者に対する三一項目の優遇措置を打ち出した（松本はる香「習近平政権の三一項目の台湾優遇措置」アジア経済研究所『フォーカス・オン・チャイナ』二〇一八年三月）。うち十二項目では、台湾企業に対し中国企業と同等の待遇を与えること、税制面での優遇措置（国家が重点的に支援する必要のあるハイテク企業に準じ一五％の軽減税率を適用、中国に設置したR＆Dセンターによる設備の国内調達に対し増値税を全額返還するなど）やそれまで制限されていたインフラ整備など政府主導のプロジェクトへの参加を認める方針が示された。

こうした中国の優遇政策は、人材面における台湾の「空洞化」を進める可能性があり、中長期的に台湾の安全前保障上の脅威となり得るという問題があった。対抗措置として運用されたのが、蔡英文政権の「台湾回帰投資支援策」だった。この支援策の検討が始まった二〇一八年十月は、米中貿易摩擦が始まってからわずか数ヶ月後のタイミングだった。この底流には、台湾企業の中国サプライチェーンからの脱出があったことは想像に難くない（松本はる香「蔡英文再選と台湾をめぐる国際関係」アジア経済研究所『フォーカス・オン・チャイナ』二〇二〇年七月）。

中国からの移転先の東南アジアでは、インドネシアやベトナムが製造拠点や事業を展開している。二〇二一年十月、インドネシア投資省は鴻海がEV及びEV電池の工場建設を検討していると発表した（日本経済新聞二〇二一年十月二十五日付）。翌年七月には、インドネシアの新首都ヌサンタラで電気バスシステムやIoT（モノのインターネット）によるスマートシティの建設が検討されており、鴻海は約一兆台湾ドル（約三四〇億ドル）の現地建設プロジェクトを支援することが報じられた（ザ・ニュースレンズ二〇二二年七月二十一日付）。

ベトナムは鴻海の進出先としてはインドネシアよりも古く、最初の進出は二〇〇七年に遡る。二〇〇七年一月に同国ハノイ北部バクニン省で工場建設を発表し、同年八月に生産を開始している。以降三〜五年で五〇億ドル相当の投資を計画していることが明らかとなった。最近では、二〇二四年六月、ベトナム子会社が現地の借地に一億一九六一万ドル（約一九〇億円）を投じて新工場を建設し、電子部品の増産を行うと発表した。ベトナム子会社は、北部バクザン省を拠点に、電子部品、マザーボード、サーバー、通信機器などの生産を幅広く手掛けている。同月には、鴻海のシンガポール子会社がベトナム北部クアンニン省の二新工場について投資許可を取得している。投資総額は五億五一〇〇万ドルで、二〇二七年にスマート機器などの量産を予定している（電子デバイス産業新聞二〇二四年六月）。

ただし、中国から東南アジアに生産拠点を移転しても、賃金上昇率が高い状況は中国と変わらない。この数年、これまでのビジネスモデルを維持すべく鴻海が注目したのは、インドだった。もともとインドでは二〇〇七年、インド南東部のタミルナドゥ州の州都チェンナイで、顧客企業ノキア（フィンランド）現地工場の敷地内及び州政府特別経済区内に工場を建設している。二〇二二年十月、鴻海はインドの天然資源大手ベダンタ・グループと共同で同国グジャラート州に半導体工場を建設すると発表している。台湾系企業にとり、自国に近い環境だった中国や華僑華人のネットワークを使える東南アジアと違い、インドは事業環境が違いすぎ、ＥＭＳというビジネスモデルを当地で成功させられるかは疑問もあるが、鴻海はじめ台湾ハイテク企業はインド進出に非常に前向きである。

二〇一六年三月、鴻海は日本の有力電機製造のシャープを買収した。鴻海はシャープの増資のうち三八八八億円を引き受け、鴻海グループがシャープの議決権の約六六％を掌握する形で子会社とした。鴻海がシャープ買収を検討したのは、蔡英文政権が二〇一六年一月の総統選挙で躍進し民進党への政権交代が行われ、台湾国民・企業に対する中国の圧力が高まりつつあった、まさにそのタイミングであった（新田賢吾「鴻海の『シャープ買収』で見える台湾経済の『脱中国』戦略」フォーサイト二〇一六年三月二日付）。中国政府による「技術の国産化」に加え、中国人旅行客の台湾渡航の制限、中国に進出した台湾企業への有形無形の優遇策停止といった中国の圧力を嫌い、二〇一五年頃から台湾企業の脱中国は既に始まっていたと見ることができる。鴻海が「脱中国」を進めるには、中国の廉価な労働力を使い、アップルなどから大量受注した電子機器部品を大量に製造し、薄い利鞘を積み上げるEMSから脱皮し、通常の製造業に進化することが必要だった。そのために、基礎的な技術・研究開発力、商品化への応用的な開発力、高品質でコスト競争力を持つ商品を生み出す生産技術、グローバルに製品販売するためのブランド力を短期間で取得しなくてはならなかった。シャープはその多くを適える買収対象だった。

シャープの液晶パネル、有機ELの技術を活用して自前のデバイス開発、供給力をつけるとともに、その白物家電やオフィス機器をアップルの iPhone とネットワーク化する技術基盤を作り、アップルとの間で受託製造を超える新たな関係を創ることも視野にあったとの指摘もある（新田、二〇一六年）。シャープが工場で進めてきた製造現場の省人化、自動化は、人手依存だった中国製造工場の生産効率改善にも寄与し得る。鴻海は、現地工場の高度化、高付加価値化を通じて実質的に中国依存を引き下げることになるだろう。

（2）米中対立の激化

九州産業大学の朝元照雄名誉教授は、中国経済学者の分析を引用し、二〇二四年一―三月期、富士康鄭州のスマートフォンの輸出量は前年同期の三分の一に減少、鴻海グループが鄭州をはじめ中国製造拠点の雇用調整を進める状況を紹介している。その上で、富士康鄭州工場が中国から撤退する理由として、中国の人件費の高騰、ゼロコロナ政策による打撃、安全保障面での問題などにより中国で操業するメリットがなくなったこと、また、米国の対中制裁により、委託元の米アップルも米国政府も多くの生産能力を中国に配置することが、地政学的に不適切と考えるようになったことをあげている（朝元照雄「なぜ富士康は中国生産から撤退するのか：生成ＡＩ機能搭載、生産拠点の移転」「世界経済評論IMPACT」No.3481 二〇二四年七月八日）。

アップル製品を例にとると、二〇一〇年代前半までは鴻海や広達電脳といった台湾企業がほぼ独占的に同社製品を受託製造してきたが、次第に中国の受託製造企業が台湾企業にとって代わる動きが見られた。二〇〇七年に製造開始された iPhone の最初の委託製造先は鴻海だったが、その後台湾の和碩聯合科技、中国の立訊精密工業（ラックスシェア）がこれに加わり、二〇二四年には iPhone の上位二百部品の製造には中国企業五社以上が関与している。二〇一〇年の iPod の場合も、製造開始時の受託製造は鴻海だったが、その後中国の比亜迪（ＢＹＤ）がこれに加わった。二〇二四年製造開始の Vision Pro の場合は、立訊精密工業が製造の中核を担っていた。二〇二四年半ばの段階では、アップル製品の多くは中国企業が受託、iPhone の売上高の約二〇％は中国市場から生まれていた。アップルは、低コストの製造と旺盛な需要を満たす目的で、中国の受託製造企業群を育成し、コストダウンに取り組んだ。その結果、台湾企業がサプライチェーンから排除されるようになった。

しかし、二〇二四年秋から発売された新型iPhoneには生成ＡＩのChatGPT機能が搭載されることとなり、米政府は中国での製造と販売を規制している。中国本土での製造ができなくなり、台湾企業は新型iPhoneの製造を中国から移転することになった。米政府は生成ＡＩ搭載のiPhoneを対中輸出規制の対象とし中国で販売させず、中国政府も国内で販売させせない。ハイテク製品をめぐる米国の対中規制と生成ＡＩの進展によって、アップルは新たな選択を強いられた。拡張現実と仮想現実に対応したゴーグルタイプのＭＲデバイスApple Vision Proは、中国の立訊精密工業一社の独占製造だったが、アップルは二〇二四年六月、ＡＩプラットフォームApple Intelligenceが全ての製品に搭載されるため、新しいApple Vision Proの受託製造企業を鴻海にすると発表した（朝元、二〇二四年）。立訊精密の独占製造は一年を経ずして鴻海に取って代られた。現在は再び、台湾企業が中国の受託製造を代替するようになった。

鴻海は台湾への製造拠点の移転を進めるが、一方で、必ずしも脱中国一辺倒でないことには留意すべきである。例えば、二〇一八年十二月、鴻海がマカオに隣接する広東省珠海市に大規模な半導体工場を新設する計画を進めていることが明らかになった（日刊工業新聞二〇一八年十一月二十二日付）。新工場は子会社のシャープが持つ半導体技術を活用するもので、投資額は一兆円規模、中国当局から多額の補助金や税制優遇策などが提供され、需要の急増が見込まれるIoTや第五世代通信（5G）、AI向け半導体を製造する最先端工場となることが報じられた。鴻海の郭台銘会長は戦略提携の調印式で、「珠海との協力関係を深め、全力で提携項目の実現を進める」と表明したとされる。本件で鴻海は中国の国策に協力する姿勢を示しており、中国の半導体国産化を問題視する米国、日本や台湾を巻き込み新たな火種に発展する恐れも指摘された。また、二〇二四年七月、鴻海は、一時はiPhone組立工場の規模縮小を進めた河南省鄭州に一〇億元を投資し、新たな事業本部を建設すると発表した（Reuters,Jul.24,2024）。省政府と建設面積約二八三ヘクタールのプロジェクトに関する契約を締結している。

郭台銘は、二〇二〇年総統選に向けて国民党予備選に出馬の意向を表明した際に受けた雑誌の取材で、中台による「一九九二年共通認識（九二共識、九二年コンセンサス）」及び一国二制度について、「九二共識、一中各表（一つの中国、各々の主張）」は一つの中華民族をベースにした、「一つの中華民国、一つの中華人民共和国」との認識を示している。

一方、台湾の企業・財界人は、中国政府が行う政治的・経済的「脅迫」への疑念を深めている。二〇二三年十月、鴻海引退後の郭氏が翌年一月の総統選挙に立候補の準備をしている最中、中国税務当局が鴻海の複数の中国拠点に対し税務調査を行った。中国当局の意図に関心が集まり、中国に批判的な民進党から立候補を予定していた郭氏に、立候補を断念させる意図があったのではとの憶測が広がった。また二〇二四年十月には、鴻海精密工業の従業員四人が背任に相当する疑いで、中国の鄭州で拘束されていることが明らかになった（Reuters,Oct.11,2024）。鄭州には、アップルのスマートフォンの主要な組立工場があるが、対中政策を担当する台湾の大陸委員会は、中国政府の行動の不可解さを指摘していた。郭一家の故郷である山西省に大規模な工場を建設し地元経済を振興しようとしたことからも、郭氏の中国に対する思い入れは強いことがわかる。しかし、鴻海や郭台銘に対する「揺さぶり」ともとれる中国政府の行動は、自らの出自が中国であっても、郭自身が少なからず中国政府に不信感を抱くものとなったに違いない。

現在、鴻海はアップル iPhone 生産の六割ほどを担う。しかし、スマートフォン市場が成熟化し、年間売上高が日本円で三〇兆円規模の巨艦となった今、スマートフォン依存の成長モデルには限界が見え始めている。受託製造という業態らしく、鴻海の純利益率は七年連続で一〜二％台にとどまり、低収益体質が定着している。二〇二四年五月末、鴻海は操業五十周年の節目の株主総会を開催し、EVやAI向けサーバーに注力する方針を示した。米アップルの iPhine 向けで培った受託生産モデルを活用し、EVでは日本車メーカーとの連携を探る。iPhone 頼みが限界に達し、低迷する利益率を底上げして再度の成長を目指す。中長期の成長に向けてEVに注力しつつ、生成AIの基盤となるサーバーでも受託生産モデルを広げる。サーバーを自社開発する米エヌビディアやアマゾンなど米クラウド大手から受注を拡大する方針である。株主総会で鴻海の劉揚偉会長（董事長）は、スマートフォンなどに続き、AIサーバーが次の一兆台湾ドル（約四兆八〇〇〇億円）ビジネスになると語った（電子デバイス産業新聞二〇二四年六月一日付）。

現在鴻海が目指すのは、中国依存の受託製造業、ＥＭＳから脱皮し、自らが主導権を握る普通の製造業となることである。確かな研究開発力、商品化への応用開発力、高品質でコスト競争力のある商品を生み出す生産技術、グローバル展開に欠かせないブランド力を獲得しつつ、欧米や日本の製造業とも連携しながら、労働集約型企業から頭脳集約的企業への転換を進めようとしている。

【追記】

なお、本章は、浅野和生（平成国際大学教授）、漆畑春彦（平成国際大学教授）、清水文枝（平成国際大学准教授）、野澤基恭（東京国際大学教授）による令和六年度平成国際大学共同研究として、同大学の研究助成を得て執筆したものである。

参考文献

朝元照雄「台湾の企業戦略―経済発展の担い手と多国籍企業化への道」勁草書房　二〇一四年七月

朝元照雄「なぜ富士康は中国生産から撤退するのか：生成ＡＩ機能搭載、生産拠点の移転」「世界経済評論ＩＭＰＡＣＴ」No.3481 二〇二四年七月八日

漆畑春彦［二〇二三］「台湾ハイテク産業の発展と日本進出〜ＴＳＭＣ先端半導体をめぐる地政学リスクと経済安全保障〜」平成国際大学『平成法政研究』第二八巻第二号、一九六―一九七頁

王樵一「鴻海帝国の真相」永井麻真子訳　翔泳社　二〇一六年八月
喬普建「覇者・鴻海の経営と戦略」ミネルヴァ書房　二〇一六年三月
近藤伸二「アジア実力は企業のカリスマ経営者」中公新書ラクレ　二〇一二年八月
佐藤幸人「台湾ハイテク産業の生成と発展」岩波書店　二〇〇七年三月
新田賢吾「鴻海の『シャープ買収』で見える台湾経済の『脱中国』戦略」フォーサイト二〇一六年三月二日付
姫田小夏「iPhone工場が中国からインドに移る背景」Live News 二〇一九年七月二〇日付
松本はる香「習近平政権の三一項目の台湾優遇措置」アジア経済研究所『フォーカス・オン・チャイナ』二〇一八年三月
松本はる香「蔡英文再選と台湾をめぐる国際関係」アジア経済研究所『フォーカス・オン・チャイナ』二〇二〇年七月

第五章　台湾人と台湾アイデンティティのいま——二〇二四総統選挙から

日台関係研究会事務局　松本一輝

はじめに

台湾では「台湾は中国なのか」、台湾の人びとは台湾人なのか中国人なのか、ということがしばしば議論の対象となる。

日台関係研究会では、日台関係研究会叢書シリーズに示してきたように、「台湾は中国の一部」ということもできるが、中国固有の領土とは必ずしもいえないし、少なくとも「中華人民共和国の一部ではない」と考えている。台湾の人びとが台湾人なのか中国人なのかは、さらに複雑な問題であり、各人のルーツや思想にもよる難しい問題である。

それでは、当の台湾住民はどう思っているのであろうか。本章では、最近台湾で行われたアンケート調査、世論調査と二〇二四年総統選挙の経緯、結果から、いま現在の台湾における台湾アイデンティティについて検討する。

台湾民主教育基金会（台湾民意基金会）のアンケート調査

まず、住民アンケートの結果を見てみることにする。

財団法人台湾民意基金会は、台湾住民に「あなたは自分が台湾人だと思いますか？　中国人だと思いますか？　それともほかの考えがありますか？」と尋ねるアンケートを実施した。

アンケートの期間は二〇二四年六月十一日から十三日までの計三日間、対象者は全国の二十歳以上の成人で、アンケート方法は固定電話と携帯電話の両方を使用した。有効なサンプルは千七十件あり、固定電話が七百五十件、携帯電話が三百二十件である。企画と資金源は台湾世論教育財団（台湾世論財団（TPOF）による。

アンケートの結果、自分が台湾人であると答えた人が七六・八％、自分を中国人であると答えた人が六・六％、自分は台湾人であり中国人でもあると答えた人が九・五％、どちらでもないと答えたのが五・二％、わからない、または回答拒否が一・八％であった。

つまり、現在、二十歳以上の台湾人の七七％が自分を台湾人であると考えているのである。

さらに、このアンケートでは、アイデンティティの強さについても調査した。つまり、アンケート回答を「私は台湾人である」「私は絶対に台湾人である」「私は台湾人であり中国人である」「私は中国人である」「私は絶対に中国人である」の五つに分けて、回答を求めたのである。

その結果、二十歳以上の台湾人の五八％が「私は絶対に台湾人である」と強い台湾アイデンティティを示した。一八・八％が「私は台湾人である」と軽度の台湾アイデンティティ示したが、九・五％が「私は台湾人であり中国人でもある」、三・七％が「私は中国人である」と回答して、軽度の中国アイデンティティを示した。これに対して「私は絶対に中国人である」と強い中国人アイデンティティを示したのはわずか二・九％にとどまった。

さらに年齢層別に見ると、年齢が若くなるにつれて台湾アイデンティティの割合が高くなる傾向が見られた。

具体的な数字を示すと、二十～二十四歳では八六・三％が台湾人で四・六％が二重アイデンティティ、中国人アイデンティティは二％。二十五～三十四歳では、八九％が台湾人、二・五％が二重アイデンティティ、三・七％が中国人、三十五～四十四歳では、七九・四％が台湾人、九・六％が二重アイデンティティ、二・六％が中国人、四十五～五十四歳では、六九・二％が台湾人、一二・五％が二重アイデンティティ、九・四％が中国人、五十五～六十四歳は、七〇・三％が台湾人、一五・二％が二重アイデンティティ、九・三％が中国人と回答、六十五歳以上は、七四・八％が台湾人、八・九％が二重アイデンティティ、八・八％が中国人と回答した。

つまり、調査対象の中で台湾アイデンティティの割合が最も低い四十五歳～五十五歳でもほぼ七割が台湾アイデンティティを持ち、最も高い割合の二十五～三十五歳では九割近くが台湾アイデンティティを持っているという結果であった。

台湾アイデンティティの転換点

そもそも、台湾住民にアンケートをとったのだから、「私は台湾人」と答えるのが「当たり前じゃないか」と思う人がいるだろう。しかし、そこには台湾近現代史の特殊な事情がある。ひと昔前の台湾では自分が台湾人であると回答する者はかなり少なかったのである。

一八九五年から一九四五年までの五十年間にわたって台湾は日本の統治下にあったが、第二次世界大戦後、ポツダム宣言の受諾によって日本が台湾の領有権を放棄すると、蒋介石の中華民国が台湾を接収することになった。一九四五年十月二十五日のことである。この時点で、大陸中国も台湾も、中華民国の統治下におかれて、いわば中国として統一された。しかしながら、間もなく大陸中国では、中国共産党と国民党の間で、政権掌握をめぐる激しい内戦が戦われることになった。当初こそ蒋介石の国民党が有利であったが、やがて共産党が優位になり、一九四九年十年一日、中国共産党の毛沢東が北京で中華人民共和国の建国を宣言した。蒋介石の国民党政権は、この年の十二月に大陸を後にして、台湾へと移転した。

中華民国の台湾移転に先立って、一九四九年五月二十日、中華民国には戒厳令が布かれ、憲法は停止されて言論、結社、出版など基本的人権を含む諸権利が制限されることになった。中華民国の台湾統治では、当初から、五十年にわたる日本統治の影響を除去しようとし、台湾の中国化を図ったが、台湾人としての民族主義や台湾独立も、全中国の政権としての中華民国政府による台湾統合、台湾統治にとっては障害となるので、台湾独立論とともに台湾人意識の主張も取り締まり、抹消の対象となった。

日本語の映画や歌が禁止されただけでなく、台湾語の使用は、学校でも公共の場でも認められなかった。

こうした状況の転換は、一九九〇年代まで待たなければならなかった。一九八八年一月に総統に就任した、台湾生まれの台湾人の李登輝は、慎重にではあるが決然と、台湾人意識の復興を図った。学校教育で、母国の歴史や地理といえば、壮大な全中国について学ぶ一方、自分たちの足元の台湾の地理や歴史については学校教育では重視されなかった。否、蔑ろにされていた。中国の地理や歴史の全体を教えれば、台湾はそのごく一部に過ぎないから、そこを重視した学ぶカリキュラムにならなかった。というよりはむしろ、積極的に台湾の人々に中国人意識を扶植する教育が実施された。

しかし、李登輝総統が実権を掌握した九〇年代半ばになると、学校教育でも中学生が「認識台湾」を学ぶことになり、教育現場で台湾語や原住民後も正面から取り扱われるようになった。

さて、戒厳令は一九八七年七月十五日に解除され、新たな新聞の発行を禁じる「報禁」は一九八八年一月に解除された。これで言論空間に自由が広がり始めた。さらに、一九九一年からの憲法修正や、一九九六年三月からの台湾住民の直接投票による総統の選出、すなわち「総統直接民選」の実現に向けて、言論活動も政治活動も基本的に自由になった。

国立政治大学の選挙研究センターが一九九〇年から毎年行っている台湾アイデンティティに関するアンケート調査でも、時系列的に分析すると、「私は台湾人」という数値が一九九六年からぐっと上がったという結果を見ることができる。

この調査では、一九九三年に「私は台湾人」と回答した人が二六・八%であったのが一九九六年には三九・六%に上昇し、これとは対照的に、「私は中国人」と回答した人は、一九九三年の三三・一%から一九九六年の四・八%に急落したのである。

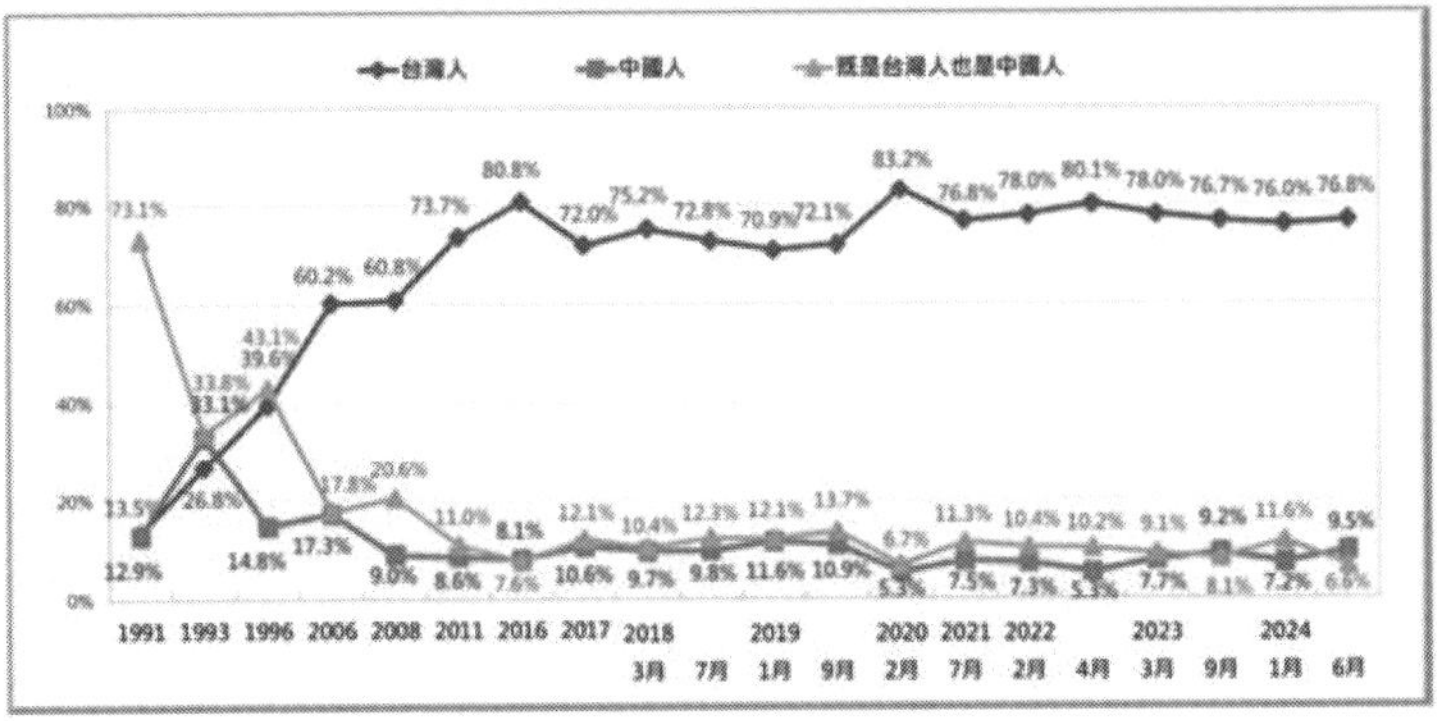

台湾人最新的民族認同
財団法人台湾民意基金会 HP より

その後、二〇〇〇年の総統選挙では、台湾独立を主張していた民進党の陳水扁が当選したことで、台湾アイデンティティの高揚へとつながっていく。この結果、陳水扁政権二期目の二〇〇六年には、「私は台湾人」という回答が六〇・二％に上昇した。

さて、台湾アイデンティティの広がりにとっては、二〇〇八年の国民党・馬英九総統の誕生がもう一つの契機となった。

馬英九は選挙公約で台中関係の改善を重点政策とし、台湾と中国の間の飛行機、船舶の直航を実現させ、中台間の貿易協定を締結しようとした。二〇〇八年五月に政権に就いた馬英九は、それらの施策を次々に実現させた結果、中国から台湾を訪れる観光客が爆発的に増加した。

すると、それまで観念的に、台湾人の大半の家族のルーツは大陸中国であるし、同じ漢字文化を共有する点から、なんとなく台湾の人々も、もともと多くは中国人で、お互いは同胞だという一般の人々の感覚に衝撃が走ることになった。日常的に接触した大陸の中国人は、台湾の人々と何かが違ったのである。つまり、台湾の人々の多くは、中国から来た人々に文化的な違和感を覚えたのである。

その結果、自分は中国人ではなく台湾人と考える台湾アイデンティティが増加し、二〇一一年調査で七三・七％、二〇一六年調査では八〇・八％にまで達し、他方、中国アイデンティティを持つ者は二〇一六年には八・一％にまで減少した。

台湾に来た時期と本籍地から分類する「族群」と台湾アイデンティティとの関係を見ると、本籍が台湾省である戦前から台湾に居住する福建省にルーツを持つ福佬人（閩南人）と、広東省にルーツをもつ客家、そして戦後に大陸各地から台湾へ移入した本籍が台湾以外の省である外省人は、その一世、二世、三世を合わせて、いずれにおいても今や台湾アイデンティティの人の比率が中国人アイデンティティを上回るようになった。

具体的には、福佬人では八一％が台湾人、七・七％が二重アイデンティティ、五・五％が中国人と回答したが、客家では六九・九％が台湾人、一五％が二重アイデンティティ、五・五％が中国人、外省人は五六・六％が台湾人、一七・二％が二重アイデンティティ、一六・七％が中国人と回答した。

さらに教育レベルとアイデンティティの相関について調べると、大学以上の教育を受けた人のうち、七九・九％が台湾人、一〇％が二重アイデンティティ、四・八％が中国人と回答し、専門学校卒業程度では、六八・四％が台湾人、一六・七％が二重アイデンティティ、九・二％が中国人、高等学校・高等職業学校修了者は七六・二％が台湾人、八％が二重アイデンティティ、九・六％が中国人、中学校卒業では、七七・二%が台湾人、七・七%が二重アイデンティティ、一・八%が中国人と回答した。いずれも台湾アイデンティティが高いが、大卒者のなかで台湾人アイデンティティが高いことがわかる。ただし、台湾においては近年、高学歴化が進んでおり、若年になるにしたがって高学歴になるという傾向がある。したがって、さきほどの若年層ほど台湾アイデンティティが強い傾向と大卒に台湾アイデンティティが高いという結果は連動しているといえるだろう。

さらに、政党支持別に台湾アイデンティティの比率を比べると、民進党支持者では台湾人が九七・五%、二重アイデンティティが一・五%、中国人が〇・二%であったのに対して、国民党支持者は、台湾人四八%、二重アイデンティティ二三・六%、中国人二一・八%であり、民衆党支持者では、台湾人七九%、二重アイデンティティ六・七%、中国人七・一%、政党支持なしの中立有権者では、台湾人六六・三%、二重アイデンティティ一二・九%、中国人五・二%という結果になった。民進党支持者と国民党支持者では、台湾人アイデンティティと中国人アイデンティティの比率が明らかに異なり、民進党支持者は圧倒的に台湾人アイデンティティであるのに対して、国民党支持者では中国人アイデンティティが他政党より高くなっている。

しかし、国民党支持者でも、中国アイデンティティは約二二%、これに対して台湾アイデンティティは四八%であって、中国アイデンティティは台湾では少数派なのである。

二〇二四年中華民国総統選挙からみる台湾アイデンティティ

第十六代の中華民国総統を選出する総統選挙が二〇二四年（民国一一三年）一月十三日、台湾全土で行われた。台湾の総統選挙は総統と副総統がペアで立候補し、有権者はそのペアに直接投票する方式となっている。

選挙の結果、民進党の頼清徳・蕭美琴ペアが四〇・〇五％の得票で当選した。中国国民党の侯友宜・趙少康ペアが三三・四九％、台湾民衆党の柯文哲・呉欣盈ペアが二六・四六％で、得票数では民進党と国民党の差はおよそ九十万票であった。

一方、国会議員に相当する立法委員の総選挙においては、総議席数百十三のうち民進党は五十一議席の獲得にとどまり、国民党が五十二議席を獲得して第一党となった。ただし、両政党とも、定数の過半数に達しなかったため、八議席を獲得した第三党の民衆党がキャスティングボートを握ることとなった。

今回は、新たに生まれた第三党の台湾民衆党の躍進が注目された。台湾の総統選挙においては、民進党と国民党の二大政党がしのぎを削っており、この二つの政党の間で政権交代が繰り返されてきた。二大政党以外の候補者では、二〇〇〇年総統選挙に無所属で立候補した宋楚瑜が三六・八％を獲得して第二位、二〇一六年総統選挙で親民党から立候補した宋楚瑜が一二・八％を獲得したぐらいで、第三党以下は五％がせいぜいというところであった。

しかし、今回は台湾民衆党が総統選挙で二六・四六％、立法委員選挙においても二二・〇七％の票を獲得して、八議席を確保した。この結果は、第三勢力としての存在感を大いにアピールしたといえる。

二〇二四年の総統選挙に至る経過

先述の通り、二〇二四年総統選挙においては民進党が、総統選挙で勝利をおさめ、民進党政権が継続することになったものの、立法委員選挙では敗北を喫した。民進党への逆風について、第一には、前哨戦ともいえる二〇二二年の統一地方選挙（九合一選挙）において、国民党に敗北していたことが挙げられる。この統一地方選挙は、六つの中央直轄市を含む二十二の県・市長選挙と、それぞれの県・市議員、さらに基層の里長、山地原住民区長・区民代表、郷鎮市長、郷鎮市民代表、村里長のポストを選出する選挙で、二〇二二年十一月二十六日に投票が実施された。なお、そのうち嘉義市長選は、候補者の一人が急死したため、投票が十二月十八日に延期された。

このうち県・市長選挙では、与党の民進党が勝利できたのは直轄市では高雄市と台南市の二つのみ、その他も嘉義県、屏東県、澎湖県の三つの県知事ポストの獲得にとどまり、二十二のうち五つだけと、前回二〇一八年統一地方選挙の六ポストよりも少ない結果となった。

一方、国民党は台北市、新北市、桃園市、台中市と四つの直轄市の市長ポストを獲得した。その他、基隆市、新竹県、彰化県、南投県、雲林県、宜蘭県、花蓮県、台東県、連江県、嘉義市と十都市で勝利して、前回より一つ少ないとはいえ十四ポストを得た。民進党と比較すれば、国民党の大勝の結果である。つまり、基本情勢として、民進党への支持が低下し、国民党が復活基調にあったということである。

民進党への逆風の第二は、現職総統の蔡英文が四年間二期までという規定により総統選挙に立候補できなかったことである。蔡英文が八年間総統として及第点であったとしても、与党民進党の新たな候補については、有権者はまた別の評価を行う。しかも、政権が八年間続くと、有権者はこれ以上の長期政権に対して警戒感とともに、もう飽きたという感情が出てくる。台湾では、二〇〇〇年から二〇〇八年総統の陳水扁・民進党政権、二〇〇八年から二〇一六年総統の馬英九・国民党政権と、二期八年の政権のあとでは政権交代が普通であった。民主化以後の台湾において、同じ党が三期以上連続で政権を握った例はなかったのである。

そこで、国民党、民衆党は、有権者のそうした心理を煽って、選挙戦においては「政権交代」を前面に押し出したキャンペーンを展開した。

総統選挙における各党候補者選定過程

二〇二四年総統選挙における各党の候補者選定過程を見てみよう。

民進党は副総統の頼清徳が二〇二三年三月十五日に総統選挙への立候補を表明した。民進党は三月十七日に党内候補公認への登記を締切ったが、締切りの時点で申請者は頼清徳だけだったため、自動的に党公認候補として決定した。

国民党は、党内支持が侯友宜と郭台銘で二分されていたが、五月十七日の国民党第二十一期中央常務会第五十九回会議において、党主席の朱立倫の選定に基づき、侯友宜を国民党公認の総統候補と決定した。

郭台銘は以後、無所属での総統選挙立候補の道を模索することとなる。

民衆党は五月八日に柯文哲が民衆党内の公認候補予備選挙への立候補を表明し、登記した。五月九日の公認候補申請の締切りまでに、柯文哲は唯一の申請者であったため、自動的に党公認候補となった。

このように、各党の候補者が決定したのであるが、告示に基づく選挙戦は十一月開始であり、開始までの期間に、さまざまな情勢の変化とともに世論調査結果も揺れ動いていった。ところで、九月の時点では各種世論調査で民進党の頼清徳が頭一歩抜け出しているようだった。そこで、政権交代を実現するためには、国民党と民衆党が候補者一本化を図り、選挙協力すべきだとの議論が高まった。この協力体制の実現は、国民党のシンボルカラーである藍色（青）と民衆党のシンボルカラーの白を合わせて「藍白合」と呼ばれた。

国民党と民衆党の共闘「藍白合」の行方

「藍白合」の掛け声はマスコミその他でかまびすしいが、候補者一本化となれば、国民党と民衆党のいずれかが総統候補、他方が副総統候補に甘んじることになる。その調整は簡単ではない。候補者本人もそうだが、支持者は納得するだろうか。そうした折、十月十五〜十七日の期間、「藍白合」に対する世論調査が行われた。

「藍白合」に「大いに賛成」一六・八％、「どちらかといえば賛成」三五・五％、「あまり賛成ではない」一九・〇％、「全く賛成しない」一一・五％となり、賛成派が五二・三％、反対派が三〇・五％という結果であった。

支持政党別にみると、国民党支持者は八一％が賛成で一四％が反対、民衆党支持者は六七％が賛成で三〇％が反対、民進党支持者では三〇％が賛成で五六％が反対、無党派層では四一％が賛成で一九％が反対という結果であった。つまり、国民党支持者が「藍白合」実現をもっとも熱望しており、民衆党支持者もやや落ちるものの三分の二が賛成であった。

また、現実に国民党と民衆党が協力して「藍白合」が実現するとなれば、どちらの党から総統候補を出すのか、どちらが副総統候補に甘んじるかが大きな問題となる。

この問題に対して、柯文哲は、いくつかの世論調査結果を元に支持率の高い方が総統候補、低い方を副総統候補とする、という考えを主張した。この柯文哲の提案については「非常に合理的」と回答した者が一五・四％、「ある程度合理的」が三六・六％、「あまり合理的ではない」二一・八％、「全く合理的ではない」九・八％で、肯定派が四二・〇％で否定派が三一・六％であった。なお六十五歳以下では、過半数が柯文哲の主張を合理的と考えており、六十五歳以上では意見が分かれていた。

このころ、民衆党は五件の世論調査会社を利用して、固定電話と携帯電話半数ずつの調査を行い、両者の平均を用いて集計し、その数値の優劣で総統候補を決定する案を主張していたが、国民党は、アメリカ、フランスおよび韓国で用いられる「予備選挙方式」を採用して、有権者による投票によって、直接に民意を問うことを主張した。具体的には、台湾二十二の県市もしくは立法委員の七十三の小選挙区に予備選挙の投票所を設けて、身分証で本人確認をして投票を行う方法である。

実は、民衆党の柯文哲は世論調査で侯友宜をリードしていたので、世論調査方式を主張したのであり、国民党は、老舗の政党として全国に支持組織を持っているのに対して、できて間もない民衆党には全国党組織がないから、国民党に有利になる予備選挙方式を主張したのである。これでは統一的決定は不可能だろう。

しかし十一月二四日の総統選挙登記締切日までには、「藍白合」を実現するかどうか、決めなければならない。その期日が迫る中、十月十四日に、「藍白野党勢力協調会議（藍白在野力量整合会議）」が開催された。その中で、国民党と民衆党で、野党として最強の候補者をたてる方向で一致した。しかし、候補者選出方法についてはこの段階でも意見が分かれていた。

そうしたなか、十一月初旬になって、国民党の元総統・馬英九が、突如として民衆党が主張していた世論調査方式を受け入れて両党の総統候補を決定すべきだと提言した。これで事態が動くことになった。

十一月十五日には、馬英九の立ち合いのもとで、朱立倫、侯友宜と柯文哲が一堂に会して、合同会議を実施した。協議の後、国民党と民進党の双方が、世論調査専門家を推薦して、その監査の下で、十一月七日から十一月十七日の間に発表される各種世論調査の結果と、国民党と民衆党による世論調査の結果とを加えて、侯友宜と柯文哲の支持率の優越を判断するということで合意した。

優越性の判断は、統計上の誤差の範囲を超えて勝敗がはっきりしている世論調査については、上位の者を勝者としてカウントするが、統計上の誤差の範囲内の結果の場合には、侯友宜を勝者とカウントするということになった。どう考えても国民党に有利な判定方法であるが、この合意事項については十八日午前に馬英九基金会から公表された。

合同会議以後、侯友宜、柯文哲と朱立倫に馬英九を加えて政党間協議を継続し、世論調査専門家と実務の人選を進めた。しかし、結局のところ双方の主張が一致しないまま十一月二十三日、総統選挙登記締切前日に、台北の君悦酒店で野党協調会議が開かれることになった。この会議には、民衆党からは柯文哲、国民党側からは侯友宜に加えて、党主席の朱立倫と元総統の馬英九、さらに無所属で総統選挙立候補の権利を獲得していた郭台銘が出席した。

関係者によると、この会議は険悪な雰囲気の中で進められた。柯文哲、国民党の態度は、民進党に勝つための野党共闘の総統・副総統候補を決めるためではなく、この機会を利用して国民党の党勢拡大を図りたいだけではないか、と批判した。結局、会議は合意に至らずに終わり、「藍白合」は実現しなかった。国民党と民衆党はそれぞれ別々に副総統候補を決めて総統選挙に登記することとし、郭台銘は総統選挙から撤退した。

翌日、中央選挙委員会への立候補届け出締め切りの十一月二十四日には、国民党は総統候補として侯友宜を、副総統候補には元立法委員で国民党を離脱して新党（中国新党）を立ち上げた経歴のある趙少康を当てて登記した。また、民衆党は総統候補として柯文哲を、副総統候補として立法委員の呉欣盈を指名した。

破談となったものの「藍白合」問題をマスコミが連日報じた影響で、総統選挙への関心は十月よりさらに高まった。すなわち、総統選挙に関心がある者が七四・二％（非常に関心がある二八・九％、ある程度関心がある四五・三％）に上昇し、関心がないとする者は二三・〇％にまで低下した。

「藍白合」が実現したらどのような結果になっていたかは知る由もないが、不思議なことに、「藍白合」の実現を目指す協議の際、双方の政策のすり合わせについては大きく報道されなかった。それぞれ由来を異にする政党が統一候補を立てるなら、政権構想、政策綱領の共有があるべきだが、その議論は後回しにされた感がある。

国民党と民衆党は二〇二四総統選挙において、民進党からの政権交代を掲げる点では一致しているが、その他の政策においては、あまり相性のいいとはいえない組み合わせであった。仮に統一候補によって政権交代を実現した場合、四年間の政権運営が安定的に実施できたかどうかは疑問が残る。

選挙結果から見る台湾アイデンティティ

総統選挙における国民党の敗因としては、五月十七日に侯友宜が公認候補に決まっていながら、「藍白合」議論を重視して、それが期限ぎりぎりの段階で決裂してしまったことが一因とされている。半年間、一貫性のある選挙戦を展開することができず、最後の一カ月半だけ、バタバタと国民党ペアの正副総統候補に支持を求めることになった。

十一月二十四日に侯友宜・趙少康の国民党ペアでの立候補が確定するまで、国民党は、民進党からの政権交代をアピールして、従来の国民党支持者以外の中間層の支持を得るため対中政策について「統一せず、独立せず、武力行使なし」を前面に押し立てていた。しかし、国民党単独での立候補が決定した後は、方向性を変えて「台湾独立反対」を強調した。投票日まで残り五十日間での方針転換は、中間層を遠ざける結果となった。

また、選挙戦最終盤における前総統・馬英九の発言も影響した。馬英九前総統は、常にマスコミの注目を引き付けるが、二〇二三年春には中国を長期にわたって訪問して、中国人アイデンティティを表に出していたかと思うと、十一月には「藍白合」の立役者になろうとし、それも破綻すると、選挙戦終盤に中国の習近平総書記を信頼すべきだというアピールを行った。投票日まで一週間を切ったタイミングでのこの発言は、中台関係に懸念を抱く有権者を、国民党から遠ざける結果となったといわれている。

他方、民衆党の敗因は「藍白合」に起因するといわれている。民衆党の柯文哲が、政治家として脚光を浴び、とりわけ若い世代から多くの支持を集めたのは、台湾の政治を、従来の国民党対民進党の構図から脱却させる、藍でも緑でもない「白」の時代を作ると訴えたことにあった。

しかし、選挙戦の中盤に「藍白合」の実現に注力して、民衆党に不利な妥協をしてでも国民党と選挙協力を実現し、政権交代を成し遂げようとした。この行動は、「白」の政治家としての柯文哲に対して疑問を投げかけるものとなった。

実は、世論調査の分析からは、民衆党の支持層の柱となっていた若い有権者の多くは、蔡英文から頼清徳へと民進党政権が継続することに不満を持ちつつ、国民党の親中路線をも嫌悪していた。だから「藍白合」の実現は、主要な民衆党支持層が必ずしも望むものではなく、しかも交渉が決裂したので、どっちつかずのマイナスの効果をもたらした。

二十歳から二十四歳の有権者では台湾アイデンティティが九〇・八%、二十五歳から三十四歳でも八六・一%が台湾アイデンティティである。また、台湾独立か中国との統一のどちらを望むかといえば、二十歳から二十四歳では五四%が独立派で、二十五歳から三十四歳でも五七%が独立派であった。民衆党・柯文哲の主要支持層であった若年層は、台湾アイデンティティを持ち、どちらかといえば独立派という傾向にあった。それなのに民衆党が馬英九の主導権の下で国民党と組もうとした「藍白合」の動きが、台湾アイデンティティを持つ若年層に敬遠され、終盤での支持が伸び悩む結果になったとも見られている。

いずれにしても、台湾では三十代以下の若い世代で、台湾アイデンティティが色濃く定着しており、その傾向はいわゆる「族群」を超えて広がりを見せている。したがって、今後十年、二十年を経れば、社会全体に台湾アイデンティティがますます浸透していく可能性が高い。

その一方で、そうした若い世代、特に高学歴層で、民進党と国民党の二大政党対決の政治に対する反感があり、また民主的選挙にも基づく政権であっても、同一政党の政権の長期化を台湾の有権者が好まない傾向であることが、今回の民衆党支持の高まりとして表面化した。すなわち民進党であれ国民党であれ、こうした台湾の有権者の支持をつなぎとめる清新さの維持と、魅力的な候補者のリクルートあるいは養成、政策立案能力と執行力を保つという高いハードルを越えていかなければ政権維持はできないということである。

参考文献

台湾・総統選挙の結果と今後の展望　防衛研究所　五十嵐　隆幸
二〇二四台湾総統選挙の分析　日本台湾交流協会　小笠原　欣幸
台湾の統一選挙，与党・民進党の惨敗　世界経済評論IMPACT　二〇二二・一二・〇五 朝元照雄
台灣總統選民的投票傾向（二〇二三年十二月二十九日）」、台湾民意基金会HP、選挙、総統選挙、二〇二四總統大選

「二〇二四台灣總統選民的抉擇（二〇二四年一月二十三日）」、台湾民意基金会HP、選挙、総統選挙、二〇二四總統大選

第六章　全国日台交流サミットと日台における自治体間の友好関係

東洋大学アジア文化研究所客員研究員　山形勝義

はじめに

現在、日本と台湾には、正式な外交関係はない。しかしながら、日本と台湾の自治体間において、友好交流、姉妹都市交流、パートナー都市、観光教育交流覚書を結ぶ事例はたくさん存在する。ときに、日中共同声明を楯に姉妹都市提携の凍結や妨害を受けることがあっても、一度結ばれた交流の絆が途切れることはなく、日台の姉妹都市間の友好関係はむしろ深まるばかりである。

近年は、前・謝長廷大使・台北駐日経済文化代表処代表が日台間の自治体の交流促進を積極的に推進したこともあり、日台の自治体における友好都市の締結は増加した。また、現在十回開催されている全国日台交流サミットの開催もあって、日台間の絆は深まるばかりである。

この章は、第一回～第十回まで開催された、全国日台交流サミットの沿革史と二〇二三年九月以降における、日台間の自治体の姉妹友好都市を可能な限り網羅して、その実情をレポートしたものである。また、二〇二三年九月以前については、『「国交」を超える絆の構築』第三章の「日台における自治体の姉妹友好都市交流」（展転社、二〇二二年十二月）、『台湾の経済発展と日本』「続・日台における自治体の姉妹友好都市交流」（展転社、二〇二三年十二月）を参照されたい。一覧をご覧いただくことで、さらに多くの日本の県市町村において台湾の自治体との交流促進を検討していただく一助となれば幸いである。なお、以下は、時系列順になるよう、各地域における姉妹都市締結と交流の状況を整理して掲載している。

全国日台交流サミット（第一回～第十回）

第一回　全国日台交流サミット（金沢大会）

全国日台国際交流大会は、日本各地の台湾に友好的な地方議会議員らの発起による交流サミットで、台湾友好及び交流促進に関して宣言をし、日本と台湾の関係に良い影響を及ぼしている。

二〇一五年八月八日、第一回の全国日台友好サミットが金沢で初めて開催された。八田與一、磯田謙雄、二人の偉大なる金沢出身が果たした台湾貢献の関係者など、総勢八百九十名が出席した。八田與一は、台南県の烏山頭に、ダムを建設し、周辺の地域一帯の農業に貢献している。磯田謙雄は、「白冷圳」という台湾中部・台中市新社区の台地に水を注ぐ全長十六・六キロメートルの農業用水路に携わっている。

日本と台湾の地方議員が集まる連盟大会として、石川県知事、金沢市長、地方議員など、双方の議員が出席し、盛会となった。大会では、「金沢宣言」を採択し、今回、日台の交流大会が日台友好新時代の出発点になることを確認し、両国の国際機構への参加を相互に支持し、東シナ海および南シナ海の平和のイニシアチブを基準として、東アジアの自由民主と平和を求めるというものである。

台北駐大阪経済文化弁事処の蔡明耀処長は、挨拶で「台湾との関係史に新たなページを書いてくれた各界の支持に、感謝し、引き続き、深い交流が続くように」と期待した。

第二回　全国日台交流サミット（和歌山大会）

二〇一六年九月四日から五日に和歌山市で開催され、日本と台湾の各地方自治体の各議員との友好関係を全面的に推進しようというもので、総会では、ＩＣＡＯ・台湾の国際民間航空機関である国連の専門機関への参加（加盟）を支持する「和歌山宣言」が採択された。

和歌山大会は、台湾側からは台北駐日経済文化代表処の謝長廷・駐日代表および台北市、新竹県、台南市、桃園市、台中市から四十七名の代表者らが出席した。また、日本側は尾花正啓・和歌山市長、遠藤富士雄・日台友好和歌山市議会議員連盟会長、並びに全国から集まった「全国日台友好議員協議会」（党派を問わず結成されている）から約百三十名が出席し、会場は約四百名が集まる国際交流サミットとなった。

九月四日の夜には、国際交流サミット開催を記念して、和歌山市の七曲市場では、マグロ解体ショー、台湾グルメを紹介する「夜市」のイベントが開催され、台湾との絆を深めている。また、九月五日の午前には、和歌山市民会館で基調講演が行われ、台南観光大使を務める一青妙さんが「新しい台湾を発見しよう—台南と台東—」という題目で、台北にはない台湾の魅力を伝えた。

第三回　全国日台交流サミット（熊本大会）

第三回熊本大会は、熊本県熊本市で開催された。日台交流サミットin熊本として、「復興元年・感謝・そして未来へ」というスローガンのもと、官民一丸となり事業準備を進めて、「熊本宣言」を採択している。この内容は、日台間の各分野の交流関係の一層の強化を強調し、同時に台湾の国際社会への貢献を全面的に支持した。

謝長廷代表は、挨拶で、一年前に熊本県で起きた地震があったことを念頭に、今も台湾人は、熊本県の震災復興を気にしていると述べ、そんな中、熊本で「日台交流サミット」を開催出来ることは格別であり、日台双方は、地震を含め運命共同体であると強調した。

総会は、「熊本宣言」を通じて、日台の交流の歴史の中で、人の交流や災害時の相互支援を通じて、双方の連携関係が強まっていると指摘し、これからもっと、日台双方の議員の友好が深まることを願い、また、台湾の国際社会組織に対する貢献を指示すると強調した。次回での台湾高雄へと、この思いは引き継がれるものとし、盛会のうちに幕を閉じた。

第四回　全国日台交流サミット（高雄大会）

高雄大会では、「日台友好の新時代」をテーマに台湾南部の高雄市で開催された。陳菊総統府秘書長からは、「日本は、台湾の親友である」とのコメントが紹介された。これから、日台友好の新時代をテーマに、台湾の都市外交、議会外交の実質的な成果を出し、深化させることに期待を寄せた。「高雄宣言」は、世界が良くなり、そして日台友好が新しい時代に進むことを強調し、日台観光共栄を支持し、台湾が国際機構に参加することを支持するものである。ここでは国際機構への参加として、ＣＰＴＰＰ・環太平洋パートナーシップに関する包括的及び先進的な協定を締結させるなどが挙げられた。また、台湾と日本の民間交流拡大を基調とした友好提携の覚書を調印した。

このサミットには、日本と台湾の地方議員、三百二十三名が参加し、史上最多の日本からの地方議員が高雄市に集まった。台湾地方議員は、百十八名が出席して盛況であった。

陳菊・総統府秘書長は、蔡英文総統の代替として挨拶をし、台湾と日本は歴史、文化、教育、経済貿易などの面で深い関係がある。台湾で地震・災害が発生するたびに、日本は、暖かな援助をしてくれる。日台が民主主義の価値観に基づいて、観光、文化、教育などの交流を推進して、両国の関係がますます良くなるようにと期待をよせた。

頼清徳・行政院長も出席し、第二回CPTTP・環太平洋パートナーシップに関する包括的及び先進的な協定への参加のためすぐに交渉に持ち込みたいと述べるとともに、台南や花蓮の地震に対する日本からの援助に感謝を示した。

第五回　全国日台交流サミット（富山大会）

日本と台湾の交流促進に向けたサミットが、富山市内のホテルで開催され、日台間の年間交流人口を次年までに、八百万人を実現する事を柱に「富山宣言」を採択した。富山サミットには、日台の行政や観光業界の関係者約二百二十名が参加した。意見交換では、インターネットで情報を集めて旅行を楽しむ個人観光客が日台双方で多い現状にあることが報告された。富山県の石井知事は、立山黒部など豊かな自然を誇る富山県を例に挙げ、地方へ誘客する必要性を訴えた。また、二〇一八年の日台間の交流人口は、双方合わせて、六百七十三万人で過去最高を記録した。しかし、このうち訪日台湾人が約四百七十六万人で、訪台日本人は約一九七万人と偏っていて、均衡のとれた交流の進展が期待される。

「富山宣言」では、交流人口八百万人にするため具体的方策として、①日台双方の新たな魅力の創出や航空路線の充実による地方都市への誘客拡大、②経済・スポーツ・文化などによる交流促進、③若年層の交流拡充などをあげた。そして、重要な、WHO（世界保健機構）、ICAO（国際民間航空機関）、CPTPP（環太平洋パートナーシップに関する包括的及び先進的な協定）への台湾の参加を支援して友好関係を深めるとした、「富山宣言」を採択した。

富山大会では、日台間の相互交流についての現状と今後の方向性を確認し、各地方議会の議員連盟が一層の活発な活動を進めることで合意した。基調講演では、台湾との友好交流の重要性と富山県の魅力について紹介され、日台の魅力を再確認した。

謝長廷代表は、挨拶で、「地方交流が大切だ」と述べ、二〇一六年に代表に就任してから、日台の地方自治体の友好交流協定は、六十八件まで進んでいる。台湾は、国際機関への参加を望むが、いつも中国の妨害を受けて困難に直面する。日本は、困ったときの真の友であり、国際機関への参加支持に感謝を示した。

第六回　全国日台交流サミット（加賀大会）

加賀大会では、大会宣言として、日台の外交・安全保障政策を推進するための日台交流基本法の制定、新型コロナウイルス感染症拡大を防いだ台湾の世界保健機構（ＷＨＯ）への参加、環太平洋連携協定（ＴＰＰ）への台湾の参加支持を提言し、実現に向けた各議会の議員連盟のより一層の活発な活動促進に努めることで合意した。

加賀大会は、新型コロナウイルス感染症の影響もあり、台湾から各地の議会議員の参加はできなかったが、日本の各地方議会および台湾との交流を行っている関係者ら三百名以上が参加した。台湾からは蔡英文総統、鄭文燦・桃園市長、黄偉哲・台南市長、陳其邁・高雄市長らからの祝電メッセージ、頼清徳副総統および台湾地方議会友日議員連盟の康裕成会長をはじめ台湾の地方議会議員らから大会を祝う映像メッセージが届けられた。

謝長廷・駐日代表は、日台交流サミットは、毎年定期的に開催され、双方の友好関係を深めることに成功しており、前回のサミットで採択された「富山宣言」では、台湾のＷＨＯ参加の支持が表明されている。今回のサミットでは日台が手を携えてコロナ後の経済回復に取り組んでいけるよう台湾のＷＨＯやＣＰＴＰＰなどの国際機関への参加を引き続き支持していただきたいと呼びかけた。

サミットには蔡明耀・駐日副代表、李世丙・台北駐大阪経済文化弁事処処長、谷本正憲・石川県知事らも出席した。

第七回　全国日台交流サミット（神戸大会）

二〇二一年十一月十二日、第七回「日台交流サミットin神戸」がホテルオークラ神戸で開催された。神戸大会では、全国七十の自治体から議員三百六十五名、総勢五百十名の参加で、過去最高を更新し、盛大な大会となった。会場では、頼清徳副総統の映像メッセージが流され、中国の政治的圧力に負けず開催されたことに祝意を表した。出席者には、謝長廷・駐日代表、齋藤元彦・兵庫県知事、久元喜造・神戸市長、片山さつき・参議院議員、和田政宗・参議院議員ら国会議員、各地の地方議員、台湾との交流のある日本の来賓らが出席した。

「神戸宣言」では、日台の二国間の関係は運命共同体という認識のもと、日台は互いに困難の時に常に寄り添い、助け合い、双方は普遍的価値観を共有しているとした上で、中国による友好関係への圧力や主権に対する如何なる侵害も認めないと強調し、日台の各種交流を引き続き、相乗効果で促進しようとの決意が示された。

また、日台間の経済、文化、教育、医療などの分野の交流の促進や、日台の外交・安全保障政策の為に「日台関係に関する基本法」を速やかに制定することが提言された。さらに、ＷＨＯ・世界保健機関、ＩＣＡＯ・国際民間航空機関、ＩＣＰＯ・国際刑事警察機構などの国際機関への台湾の参加実現に向けて日本の取り組みを強化することや、ＣＰＴＰＰに加入申請した台湾の加盟に向けて日本による働きかけを強化することも盛り込まれた。そして、人類が新型コロナウイルスに打ち勝つ為、日本と台湾が相協力して人類福祉に貢献することも提言された。

基調講演は、ロバート・Ｄ・エルドリッヂ博士が、「アメリカから見た日台関係 ～自由と民主主義の繁栄のために」をテーマに行なった。

謝長廷代表（台北駐日経済文化代表処）は、さまざまな困難を乗り越え同サミットが開催されたことに感謝の意を表し、兵庫県議会および神戸市議会が二〇二〇年に率先して台湾のＷＨＯ・世界保健機関へのオブザーバー参加を支持する決議案を可決した後、日本の四十七都道府県議会のうち三十七議会が同様の決議案を次々と可決し、それを受けて参議院が二〇二一年六月に全会一致による決議案採択となったことを強調した。日台各分野の関係はますます深まっており、地方都市（自治体）間の友好交流協定の締結数が百三十九件に達したことを説明した。さらに双方の「善の循環」が形成され、日本政府が四百二十万回分の新型コロナウイルスのワクチンを台湾に提供したことに対して感謝の意を表し、日本各界に引き続きＣＰＴＰＰ（環太平洋パートナーシップ協定に関する包括的及び先進的な協定）への台湾の加入支持を呼びかけてくれるように期待をよせた。

第八回　全国日台交流サミット（高知大会）

二〇二二年十月十五日、第八回「日台交流サミットin高知」がザクラウンパレス新阪急高知で開催された。高知大会では、多くの各地方議員、自治体の関係者、台湾関係者など、総勢四百五十名が参加する大会となった。会場では、開会宣言がなされた後、頼清徳副総統の映像メッセージが上映され、出席者には、台北駐日経済文化代表処の李世丙・副代表、濵田省司・高知県知事、岡﨑誠也・高知市長、梶原大介・参議院議員、高野光二郎・参議院議員、日本全国の各地方議会および台湾との交流のある関係者が出席した。この年に、新型コロナウイルス感染症の渡航制限が緩和したことにより、台湾からの参加もあり、日台間の人的交流も実現し意義の深い大会となった。

「高知宣言」では、日本と台湾は強固な絆で結ばれ、震災や感染症においても相互に支援し合い、自由、民主主義、法の支配といった共通の価値観に立ち、この友好関係は開かれたインド太平洋地域の基礎となっており、人権の侵害や武力による一方的な現状変更には反対すると強調した。

そして、日台間の経済、文化、教育、技術、防災などの各分野の交流協力を促進し、日台の外交・安全保障のために「日台関係に関する基本法」を速やかに制定することが初めて日本政府に提言されている。さらに、ＷＨＯ・世界保健機関、ＩＣＡＯ・国際民間航空機関、ＩＣＰＯ・国際刑事警察機構などの国連システムの国際機関への台湾の参加実現に向けて日本の取り組みを強化すること、ＣＰＴＰＰ・環太平洋パートナーシップ協定に関する包括的及び先進的な協定への台湾の加入に向けて日本による働きかけを強化することも盛り込まれた。今後の新たなパンデミックに対して、日本と台湾が相互に協力し、両国の「人間の安全保障」の構築を進めることも採択されている。

基調講演は、作家の門田隆将氏が「愛すべき台湾―なぜ日米は台湾を守らなければならないのか―」をテーマに、台湾防衛の必要性について講演した。また、歓迎交流会では、高知「よさこい踊り」のパフォーマンスが披露された。

李・駐日副代表は、二〇二二年十月、台日双方がともに大幅な水際緩和措置を実施したことにより、三年ぶりに台湾から関係者が来日して出席することができ、交流サミットの成果が実り多いものと確信していると述べた。そして、日台は自由や民主主義といった基本的価値観を共有し、自然災害が発生するたびに互いに助け合い、新型コロナウイルスの感染が拡大した際にも、日本から台湾にワクチンが無償提供され、台湾も日本へマスクや防護服などの防疫物資を届け、まさに「困ったときの友こそ真の友」であると強調した。また、二〇二二年八月に中国が台湾周辺で軍事演習を行ったことに関して、武力による一方的な地域の現状変更は許されないとし、日台は運命共同体であり、一致団結して脅威に向き合う必要があると呼びかけていた。

第九回　全国日台交流サミット（仙台大会）

二〇二三年十一月十八日、第九回「日台交流サミットin仙台」が仙台市青葉区の仙台国際ホテルで開催された。この大会は、東北では初めての開催であり、日台の各地方議員、自治体の関係者、台湾関係者など約三百五十名が参加し盛大な大会となった。会場では、頼清徳副総統が映像メッセージを寄せ、仙台サミット開催を祝した。出席者には、謝長廷・駐日代表、台湾から邱莉莉・台南市議会議長、黄錦平・高雄市議会秘書長と市議会議員ら関係者と出席した。そして、日本各地から台湾と交流のある地方議員らをはじめ、池田敬之・宮城県副知事、郡和子・仙台市長、小野寺五典・元防衛大臣衆議院議員、和田政宗・参議院議員等、台湾との交流のある関係者も出席した。

「仙台宣言」では、日台の各分野の交流・連携のさらなる取り組みや「日台関係に関する基本法」制定の重要性が強調され、国連総会二七五八号決議は台湾を国際社会から排除するものではないという認識に立ち、台湾のWHO・世界保健機関、ICAO・国際民間航空機関、ICPO・国際刑事警察機構などの国際機関への加盟、並びに、CPTPP・環太平洋パートナーシップ協定に関する包括的先進的な協定への台湾の早期加入に向けて日本による働きかけの強化などが提言され採択された。

基調講演は、南三陸の佐藤仁町長が「多謝！台湾！台湾への感謝と絆を次の世代へ」をテーマに講演した。そこでは、東日本大震災の津波で全壊した旧・公立志津川病院の再建費用の約五十六億円のうち、二十二億円が台湾からの義援金で賄われていることに謝意を表した。そして、お互いの土地を訪れることが継続的な交流につながるので、これから親睦が深まることを期待したいと呼びかけた。

謝長廷・駐日代表は、主催者と関係各界による交流サミットの準備に御礼を述べ、宮城県議会および仙台市議会が台湾のWHOやCPTPPなどへの参加支持決議を可決したことに感謝の意を表した。また、「ウクライナでの戦争は世界の人々に台湾海峡の平和の重要性を気付かせた。台湾はインド太平洋地域の責任ある一員として、台湾と日本は平和共同体となり、日本と手を携えて地域の平和と安定に対して積極的に貢献していきたい」との考えを示した。さらに、「宮城県と台湾の間には深い絆がある」と強調して、「台湾と日本の間には正式な国交関係がないからこそ、議員外交が大切だ」と訴えた。

第十回　全国日台交流サミット（台南大会）

二〇二四年七月二十九日、第十回「日台交流サミットin台南」が台南市内のフォルモサヨットリゾートで開催された。この国際交流サミットは、二〇一五年以降、毎年開催されているが、台湾での実施は二〇一八年の高雄市以来の二回目となった。台南大会に、日本からの出席者は、衆議院議員三名、二十の都道府県議会、二十七の市町村議会、三つの県・市、十八の台湾に友好的な民間団体の各関係者で合計四百三十三名が出席した。台湾で行われた会議に日本から参加した人の数で過去最多を記録している。台湾から出席者は十五の県・市議会から正副議長と議員百三十八名、日本に友好的な団体の二十名など関係者で、こちらも過去最多を記録した。

「台南宣言」では、さまざまな分野での日台連携の促進が確認され、台湾と日本の外交、安全保障の為、両国政府に対し、一刻も早いハイレベル会合と連携を開始するよう要請するとした。また、早期に「日台関係に関する基本法」を制定する重要性が強調され、WHO・世界保健機関などの国際機関への台湾の加盟を積極的に支援することなどが盛り込まれた。

会場には、頼清徳総統の映像メッセージが寄せられ、台日双方からのゲスト全員を歓迎すると共に、「日台交流サミット」が十年目を迎えたことへのお祝いの言葉を述べた。頼総統は、「台風三号に見舞われた台湾に対して日本の各界が寄せた配慮に感謝する」とした上で、日台交流サミットが「台南４００」の歴史的なタイミングで初めて台南市で開催されたことを歓迎、また、参加者数が過去最多を記録したことは日台が互いを重視し合っていることの表れでもあり、有意義かつ象徴的な意味合いも持つと歓迎を示した。

台南市の黄偉哲市長は「台南４００」すなわち台南開府四百年の今年、交流サミットを台南市で開催することができ、さらに日本から参加する議員数が過去最多となったことを光栄だとした上で、日台は長年、相互訪問、震災やコロナ禍での助け合いを通じて深い友情を積み重ねてきた、今後交流がいっそう広がっていくことに期待を寄せた。

日台における自治体の姉妹友好都市交流（二〇二三年〜二〇二四年）

自治体132　山形県新庄市＝南投県草屯鎮　二〇二三年九月二十日

南投県草屯鎮は、台湾中央部にある南投県の北西部に位置し、台中市から南投県に入る玄関口となり交通量の多い町である。人口は約九万七千人であり、南投県では南投市に次ぎ二番目に大きな都市である。そのため台湾内の鎮では最も人口の多い都市である。面積は一〇四平方キロメートルで、山形県新庄市の約半分の面積である。農産物では、お米・米加工品・南瓜・薔薇・葡萄・ライチなどの栽培が盛んである。草屯鎮は、南投県で最も繁栄した商業エリアであり、第三次産業に重点を置いている。

友好交流となったきっかけは、山形県新庄市では、二〇一一年六月、インバウンド誘致キャンペーン実行委員会を設立した。そこでまず、有効なインバウンド誘致先として台湾を選定し、台湾との交流を開始し、台湾人留学生のインターンを受け入れるなどの交流を実施した。このインバウンド等の取組みを通し、交流を重ねてきた台湾を相手として、二〇一九年二月二十八日に、二〇二〇年東京オリンピック・パラリンピック競技大会開催に向け、ホストタウンとして登録し、市のスポーツの歴史と深い関係のあるバドミントン競技を中心に、代表チームとの交流のほか、ジュニア世代を対象とした交流を行った。これにより、東京オリンピックの際には、バドミントン競技のホストタウンとして選手団にメッセージビデオを送り、応援するなどの交流を実施している。

また、二〇二一年三月には、草屯鎮にある新庄國民小学校と山形県新庄小学校で「オンライン交流学習会」を実施した。さらに、二〇二二年十一月には、在日台湾留学生の学生会東京支部二十八名による市の魅力を伝えるモニターツアーの受け入れを行うなど、台湾との交流を深めた。

このような流れもあって、山形県新庄市は、二〇二三年四月に「台北駐日経済文化代表処」を通して、草屯鎮との協定締結について打診があり、新庄市と草屯鎮の交流を促進していくことを目的として、「国際友好交流協定」を締結することになった。

二〇二三年九月二十日、「国際友好交流協定」締結の調印式は、山形県新庄市で行われ、草屯鎮からは、簡景賢鎮長、草屯鎮役所の職員、草屯ロータリークラブの方など、約三十名の訪問団が新庄市を訪問した。その際、蔡明耀・駐日副代表も調印に立ち会った。新庄市からは、山尾順紀・新庄市長、佐藤佐也・新庄市議会議長など職員も出席した。

この協定では、①経済関係、文化関係の発展ならびに市民交流の促進、②教育の協力、学校の相互交流および学生国際交流の機会の促進、③スポーツ交流の機会増進、支援、協力、④観光交流、産業発展の促進、この四点の内容について協力推進に同意した。

山尾順紀・新庄市長は、協定締結を契機として、今後さまざまな分野で交流を広げていきたいと期待を示した。調印式では、中部保育所の児童が「やんちゃ太鼓」を披露した。また調印式の後、歓迎交流会では「萩野鹿子踊保存会」が踊りを披露するなどして会場を盛り上げ、文化交流を深めた。

自治体133　愛媛県＝嘉義県嘉義市　二〇二三年十月五日

嘉義市は、台湾南西部に位置する自然と都市が見事に調和した魅力的な都市である。世界的に有名な阿里山国家森林遊楽区は、台湾を代表する山岳リゾートとして知られている。また、夏の日に太陽が真上を通過する北回帰線が横切っている有名な地域である。

日本統治下の一九三一年には、愛媛県出身の野球指導者「近藤兵太郎」が嘉義農林学校野球部の監督として、日本人と台湾人の合同チームが、甲子園に出場し準優勝している。この実話を描いた台湾映画「ＫＡＮＯ～1931海の向こうの甲子園～」（二〇一四年二月二十七日公開）が台湾で大ヒットした。また、愛知県東温市見奈良のレスパスシティの坊っちゃん劇場では、ミュージカル「ＫＡＮＯ～1931甲子園まで2000キロ～」が公演されている。

このような経緯もあり、愛媛県と嘉義市は観光、農漁水産分野で、多くのビジネスチャンスを創出するため友好関係を深めていた。

二〇二三年十月五日、愛媛県と嘉義県嘉義市は、野球を切り口としたスポーツ・文化・観光面の交流を促進する覚書を締結した。調印式は、台湾嘉義市政府において、愛媛県の中村時弘知事と嘉義市の黄敏慧市長は、スポーツ、文化、観光の三分野で相互交流を促進する「交流促進覚書」に調印した。この覚書は、双方が相互に有益なパートナーシップを築き、両地域の交流促進の更なる発展に協力して取り組むために締結する、としている。そして、調印当日より効力が生じ、有効期間三年、いずれかが中止を申し出ない限り、自動的に延長することとしている。その際、嘉義市の少年野球チームとの交流試合を予定するほか、文化や観光での交流について具体的な内容を協議するとした。

その後、相互交流の一環として、二〇二四年十月十九日には、中村時広愛媛県知事と三宅浩正愛媛県議会議長は、嘉義県嘉義市に訪問し、嘉義政府で、黄敏恵市長と面会している。その際、将来、両自治体間で姉妹都市を締結できればと期待を寄せた。また、今後もスポーツや文化、観光などの分野で交流を深めたいと期待を寄せた。さらに、中村時広愛媛県知事は、新型コロナウイルスの影響で運航が休止されていた、松山空港と台湾の桃園国際空港を結ぶ航空便が運航再開したことに触れ、黄敏恵市長の愛媛県への来県を期待した。

自治体134　北海道釧路町＝花蓮県吉安郷　二〇二三年十一月二十二日

吉安郷は、花蓮県北部に位置し、太平洋に面しており、山や海、綺麗な田園風景が広がっており、花蓮地区の草花や農産物の栽培、収穫・加工体験などレジャー農業が盛んな地域である。北海道釧路町と花蓮県吉安郷の共通点としては、自然環境や地形が類似しているほか、昆布の消費量が多いことなど共通点であり、これが締結のきっかけである。

それもあって、両自治体は、豊かな自然と住民生活の共存を目指しており、特徴でもある農水産物や自然のほか観光や教育を通じて、双方が絆を深め、災害時には物資供給等による相互応援を行うなど、経済的相互利益と友好関係を築くことを約束し、「友好交流協定」を締結した。

二〇二三年十一月二十二日、締結式は、釧路町で開催され、花蓮県吉安郷からは淑貞郷長や役場職員など二十一名が釧路町を訪問して、小松茂・北海道釧路町長と游淑貞・花蓮県吉安郷長は、「友好交流協定」締結書に調印している。この締結式には、謝長廷・駐日代表がオンラインで立ち会った。粘信士・台北駐日経済文化代表処札幌分処長や釧路町議会の橋口春樹議長が現地で立ち会った。今後、両自治体は、観光、経済、教育、文化などの分野で交流を深める事を約束している。

協定締結式後、吉安郷訪問団は、釧路湿原の雄大なスケールを一望できる細岡展望台から見る釧路湿原の夕陽を眺め、釧路町内での食事をして親睦を深めた。

小松茂町長は、将来、子ども同士の交流などを進めたいと期待を示し、来年にも訪問団を組んで花蓮を訪問し、これからの友好関係に期待した。

その後、二〇二四年四月三日午前八時五八分頃、台湾東部の花蓮県沖を震源とするマグニチュード七．四の地震が発生した。その際、吉安郷は震度六強を観測し、人的被害をはじめ、建物の損害や倒壊、土砂崩れなど大きな被害が生じた。吉安郷と友好交流協定を結んでいる釧路町は、この地震の被災地支援のため、人道的支援の観点から、ふるさと納税制度を活用した寄附金（令和六年台湾東部沖地震への復興支援金）を納めることが出来るようにしている。この寄附金は、台湾花蓮県における復興支援、被災者生活支援、インフラ整備などに活用される。

自治体135　茨城県笠間市＝台北市　二〇二三年十一月二十四日

茨城県笠間市と台北市の友好都市としての提携のきっかけは、笠間市が、二〇一八年に台北市に「笠間台湾交流事務所」を開設し、観光誘客の取り組みとしてのインバウンドの促進などに力を入れてきた。そして、二〇一九年七月には、二〇二〇東京オリンピック・パラリンピック競技大会でのゴルフ競技におけるホストタウンとしての受け入れを行い、学校給食を通じた食の交流など、台北市とのさまざまな交流を図っていた。新型コロナウイルスの流行により、人の往来が制限される中でも、オンラインによる観光情報の相互発信や学校間の英語交流などを続け、双方の交流は途絶えることはなかった。笠間市としては、二〇一八年、台北市に、笠間台湾交流事務所を設立してから五周年を迎えることを契機とし、双方のさらなる交流促進・関係強化を図るため、台北市と「交流促進協定」を結ぶ運びとなったのである。

二〇二三年十一月二十四日、茨城県笠間市と台北市は、「笠間市と台北市との間の交流促進のための連携協定」を締結している。

調印式は、台北市菊展会場で行われ、笠間市の山口伸樹市長と台北市の李四川副市長は、「交流促進協定」に調印をした。連携協定の内容は、観光誘客、産業分野、教育文化、スポーツ等における、さまざまな分野で安定的に広く交流促進をとおして相互の発展を図るという内容である。調印日は、台北市菊展のオープニングで賑やかで、会場には笠間をイメージした展示エリアもあり、笠間市の紹介もされていた。

調印式後の夕方には、笠間台湾交流事務所開設五周年記念式典を台北市のホテルメトロポリタンプレミアで開催することもあって、笠間市からの訪台団は、総勢八十名程度、市長、教育長、市議会議員十六名、産業・教育関係者等、中学生親善大使十二名、関係教職も含む大人数であった。

笠間市の山口伸樹市長は、記念事業をきっかけとして、台北市とのさらなる交流促進・関係強化を目指し、今後は、台湾からのインバウンドの促進、「笠間の栗」や「笠間焼」等の特産物輸出、教育・スポーツ分野における相互交流の促進など、さまざまな分野における経済効果の波及なども期待した。

自治体136　群馬県館林市＝雲林県　二〇二三年十一月二十七日

二〇二三年十一月二十七日、群馬県館林市と雲林県が、双方の交流促進のため「交流推進覚書」を結んだ。

館林市の観光名所「つつじが岡公園」には、約一万株のツツジが植えられており、ハスの葉が一面に広がる城沼がある。そこに、毎年、台湾からの多くの観光客が訪れている。

これもあって、雲林県とは、民間レベルにおいて、相互に交流することを目的とした団体を立ち上げ、現地の人たちが館林市内の工業団地を視察するのを受け入れたり、少年野球チームどうしが親善試合をしたりする、民間レベルでの交流が続いていた。この流れもあって、二〇一六年、雲林県の視察団が館林市を訪れたことがあった。また、二〇一八年と二〇一九年には、雲林県と館林市の少年野球チームが対戦する交流試合が館林市で行われた。

このような経緯から、館林市の多田善洋市長らが、この観光やスポーツなどの交流を、さらに促進しようと、十一月二十六日から現地を訪れ、観光やスポーツ・芸術の分野での交流に対する行政の支援を明確化しようと動くことになったのである。

交流協定書の調印式は、台湾の雲林県で開催され、館林市の多田善洋市長や権田昌弘市議会議長ら訪問団は前日に台湾に入り、当日、雲林県政府を訪れ、張麗善・雲林県長らと面会し、交流推進覚書に、多田・館林市長と張・雲林県長が署名した。そこには、謝長廷・駐日代表が交流協定書の調印式にオンラインで立ち会った。

この「交流推進覚書」は、双方の交流促進のため、教育や文化、芸術、スポーツ、観光、経済の分野で交流を推進する他、青少年交流や双方の企業、教育機関、民間団体間の協力や交流も進めるものである。

多田善洋・館林市長からは、この交流推進覚書の締結を通じ、双方の民間交流を側面から支援していきたい考えを示した。また、教育や文化、芸術、スポーツ、観光、経済など幅広い分野で交流を絶えず拡大させ、友情を深め続けていけるよう期待を寄せた。また、多田市長は、雲林訪問は、この日で三回目だったようで、雲林の農業や先端技術、教育、福祉、環境などの分野での政策や進歩が印象に残っていると述べている。

張麗善・雲林県長は、これまで、両県市の企業、教育機関、民間団体の間にはかねてから交流があったと語り、県と市がより密接な関係を築くことで、双方の友情が金石のように永遠に固く結ばれるようにと期待を寄せた。そして、雲林県では、二〇二四年に、世界竹博覧会が開催されるので、館林市の人々に来場をするようにと呼びかけ、これからの幅広い分野における友好交流を期待した。

調印式後の歓迎会で、館林市は、市のＰＲとなるパンフレットを配るなどして、民間の交流を行政として支援しながら、さらに活性化させていくことで、台湾からの観光客を増加させて友好関係が深まることを希望した。

自治体137　北海道稚内市＝屏東県恒春鎮　二〇二三年十一月二十八日

稚内市と台湾との交流は、稚内地方日台親善協会を中心に民間主体の交流が行われていた。稚内市は、日本の最北端に位置し、恒春鎮は、東は太平洋、西は台湾海峡、南はバシー海峡に囲まれた恒春半島の最南端にある。

「友好交流協定」の締結のきっかけとなったのは、二〇二三年二月に台北駐日経済文化代表処札幌分処から両自治体の交流を更に深めていくため屏東県恒春鎮との新たな交流について提案があったことで、それは、地理的に国土の北と南の端に位置する、つまり、対照的な位置にあり、他にはない地理的特有を有しているという類似点があることから友好交流を締結することになった。

二〇二三年十一月二十八日、北海道稚内市と屏東県恒春鎮は、様々な交流を通じ互いの経済の活性化を図っていくために「友好交流協定」を締結した。

調印式は、オンラインで行われ、稚内市からは工藤広・稚内市長など五名が出席し、恒春鎮からは尤史経・鎮長ら約十名が出席した。また、謝長廷・駐日代表がオンラインで立ち会っている。そこで、工藤広・稚内市長と尤史経・鎮長は、「友好交流協定」に調印をした。

この友好交流協定書の内容は、両地域は、相互に農漁業、経済、社会、観光及び文化発展等で協力し、相互利益を創出する。また、台青少年交流の促進、相互訪問し友好交流を促進するなど五項目である。

工藤市長は「友好交流の締結は大変嬉しく、意義のあることと思う。この縁を大切に相互理解を深め、友好関係を一層発展させていきたい。近い将来、直接お会いできることを楽しみにしている」などと期待を寄せた。

恆春鎮の尤史経長は「二つの地域は各々に長い歴史と豊富な漁業豊かな自然資源を有しているという類似点があり、海と陸と風から恩恵を受け輝き続けている町。締結により地元の農漁業、経済、社会、観光や文化発展などの情報共有とマーケティングを通じ友好関係を永遠に続けていくことを願っている」と親睦が深まることを期待した。

自治体138　静岡県静岡市＝台北市　二〇二三年十二月十八日

静岡県静岡市と台湾の台北市が都市間提携するきっかけとなったのは、二〇一四年に双方が署名した「マラソン友好協力覚書」であった。その後、台北市と静岡市は、二〇一七年にスポーツ交流の確固たる基盤をもとに、バスケットボール、野球などの協力範囲を拡大することを決定した。二〇二一年十一月二十四日、静岡県静岡市と台湾の台北市は、マラソンを通した「スポーツ交流に関する覚書」を締結している。マラソン以外にも、二〇一五年十一月には台湾バドミントン強化合宿地、二〇一七年には台湾陸上代表の合宿地となるなどスポーツ交流を重ねてきた。静岡市は東京オリンピック・パラリンピックにおける台湾のホストタウンでもあった。

このような交流の流れもあって、二〇二三年十二月十八日、都市交流協力覚書の調印式は、台北市で開催され、静岡市・難波譲治市長と台北市長の蔣万南氏は「台北市・静岡市姉妹都市交流協力覚書」に共同署名した。

都市間交流に関する覚書の内容は、長年にわたるスポーツ交流を基盤に、スポーツ、観光、スマートシティ（DX）、グリーン（GX）、教育の五分野で連携を強め、それぞれの長所を互いの市政運営に取り入れながら地域活性化を目指し、交流協力を深める内容とした。

両自治体は、これまでマラソンをはじめとするスポーツを通じて交流を重ねてきた。今後は台北市のデジタルや観光の取り組み、静岡市の脱炭素施策など、それぞれが力を入れる分野に関しても情報共有を進め、新型コロナウイルス禍前に行われていた教育旅行での相互訪問も引き続き推進していくとしている。

静岡市・難波譲治市長を含む台北訪問団（上恒也静岡市議会議長、静岡市商工会議所）は、調印式前日（十二月十七日）に、台北市で開催された台北マラソンに参加するため、台北に十六日から訪問している。静岡市は、台北マラソンに招待され、ランナー五名を率いて大会に参加して盛り上げた。また、スポーツ、観光、DX関連施設を視察した。

難波・静岡市長は、台北マラソンに招待されたことを大変光栄に感じたと述べた。また、今日の調印は、両都市交流の新たな章を象徴するものである。台北市との協力を楽しみにしていると強調した。将来的には、市はお互いを観察し、学び、市が直面する問題を克服するために協力し、双方が行政部門や人々とより緊密で友好的な交流を築くことを期待した。

蔣・台北市長は、友好交流の調印に立ち会うため訪問団に感謝の意を表した。また、台北市と静岡市の友好関係は、二〇一四年に双方が署名したマラソン友好協力覚書から始まったと指摘した。「覚書」を締結し、スポーツ、スマートシティ、観光、グリーントランスフォーメーション、観光などの分野で相互理解を深め、教育や教育などの分野で協力し、互いに学び、相互に有益な成果を生み出していきたいと期待を寄せている。さらに、蔣市長は、台北アリーナが数日前に正式にオープンし、来年には日本の読売ジャイアンツが台湾ドームに来る予定であると述べた。台湾と日本の野球交流はより一層盛んになり、より緊密になることを期待した。

自治体139　鹿児島県＝屏東県　二〇二四年一月二十二日

屏東県は、台湾最南端に位置する県である。海に面していて、漁業が盛んなほか，トロピカルフルーツやコーヒー栽培などの農業も盛んな地域である。人口は約八十万人である。

鹿児島県と屏東県との「交流協定」の提携のきっかけは、コロナウイルス禍にあった二〇二〇年に防疫物資の提供から縁ができて、その後リモート形式での交流を重ね、友好交流を育んできたほか、鹿児島県側では屏東県のイベントに応じて人員をたびたび派遣するなどしていたことである。

二〇二四年一月二十二日、鹿児島県の塩田康一知事と屏東県の周春米県長が、青少年や芸術・文化、観光、経済などの分野での交流を促進する包括協定（ＭＯＵ）を締結している。

調印式は、台湾の屏東県庁舎で開催され、塩田康一・鹿児島県知事訪問団らが出席し、台北駐日経済文化代表処の謝長廷代表、台北駐大阪経済文化弁事処福岡分処の陳銘俊処長がリモート形式で見守り、日本の対台湾窓口機関・日本台湾交流協会高雄事務所の是枝憲一郎副所長が会場で立ち会う中、周県長と塩田県知事が「鹿児島県と屏東県との交流協定」（ＭＯＵ）に署名した。交流協定の内容は、青少年や芸術・文化活動での交流推進、双方の観光交流及び観光ＰＲでの協力促進、そして農林水産業の産品の販売ルート開拓に関する協力の三項目である。

塩田康一・鹿児島県知事は、交流協定の締結をきっかけとして、屏東県と青少年、芸術・文化、観光、経済などの幅広い分野で交流を促進していきたいと期待を寄せた。また、これまで県産品の販路開拓や観光客誘致の取り組みについては、台北を中心とする台湾北部地域で実施してきたが、今後は、交流協定締結を契機に、台湾南部地域まで広げていきたいと期待した。交流協定締結式の記念品として、周知事に鹿児島県産の金柑などを贈った。

周春米・屏東県長（知事）は、まず、二〇二三年九月の鹿児島県訪問時の感謝を述べた。そして、屏東県と鹿児島県には似通った点が多いとし、どちらも南端にあることや農業と観光で知られる自治体であることを指摘した。さらに、アフターコロナで各国の交流が回復する中、交流協定の締結は屏東県の都市外交にとって大きくかつ重要な進展だとし、今後教育や農業などでの連携をさらに進めて台日の友情を深め、互いの繁栄と協働を実現できることを期待した。周県長にとっては県長就任後初の交流協定となった。

交流協定締結直後の「屏東熱帯農業博覧会」（二〇二四年二月三日〜三月三日まで開催）には新たに日本パビリオンが出展され、鹿児島県が参加している。鹿児島県から輸送された願掛け用の釜蓋や重さ十七キロの巨大な桜島大根がお目見えした他、鳥居やしめ縄などが飾られ、日本らしい雰囲気を演出した。周県長は、今後の自治体間、市民間のより緊密な関係につながり、教育、文化、観光、経済貿易の面での実質的な交流を促進したいと述べた。

自治体140　鹿児島県伊佐市＝花蓮県花蓮市　二〇二四年一月三十一日

友好交流協定締結の経緯は、二〇二一年四月、台北駐日経済文化代表処の謝長廷代表が鹿児島県伊佐市を訪問した際に、伊佐市の橋下市長が曽木発電所遺構や曽木の滝公園を案内したことが始まりでもある。その後、二〇二一年十二月に、伊佐市の橋本市長が台北駐福岡弁事処の陳銘俊処長を表敬訪問した。二〇二二年一月下旬には、陳処長が夫人と渉外課長を伴って伊佐市を訪問して交流を深めていた。

陳銘俊処長の生まれ故郷が花蓮市であり、当時、花蓮市は沖縄県与那国町や宮崎県高千穂町、岩手県盛岡市と都市間提携を結んでいる実績もあったことから、陳処長は花蓮市との交流を伊佐市の橋本市長に勧めたことがきっかけである。その後、花蓮市の魏市長は、二〇二二年に台北駐福岡経済文化弁事処の陳銘俊処長から、伊佐市に台湾の地方都市との交流を強化する意向があるとの書簡を受け取った。そして、両市で、観光や文化での交流深化をさせるため、オンライン会議などで交渉を重ねた。それもあって、二〇二三年十二月には、花蓮市の訪問団が伊佐市を訪問している。

二〇二四年一月三十一日、鹿児島県伊佐市と花蓮市は、「友好交流協定」を締結した。

友好交流協定の締結式は、午前十時から花蓮市公所で開催され、橋本欣也伊佐市長の訪問団十名（市長・県議、市議会議員、大口酒造㈱社長、伊佐市観光特産協会会長、猩々農園社長、通訳、職員など）が役所を訪れ、魏嘉彦花蓮市長と協定書に署名した。今後は、教育、文化や芸術、スポーツ、観光、産業など幅広い分野で、今後、両市の友好交流を推進していくことを確認した。

橋本欣也・伊佐市長は、当初は二〇二三年八月に花蓮市への訪問を予定していたが、台風の影響もあって、現在まで延期されてしまったと述べた。また、花蓮に着いてすぐに優美な風景と人々の親切さに魅了されたと話し、今後両市の往来や交流がさらに頻繁になるよう親睦に期待を寄せた。

魏嘉彦・花蓮市長からは、花蓮市と伊佐市は自然景観や特色ある文化など、多くの共通点があるとし、締結をきっかけに、各分野での連携を強化できるよう願った。

伊佐市の訪問団は、一日前の一月三十日から三日間の日程で訪台した。調印式後には花蓮県内の観光名所、太魯閣国家公園を訪れた。

自治体141　熊本県阿蘇郡小国町＝台北市士林区　二〇二四年二月二十七日

二〇二四年二月二十七日、熊本県阿蘇郡小国町と台湾の台北市士林区は、文化、教育、経済等で交流や協力を深めるとした「友好交流協力に関する覚書」を締結した。

熊本県阿蘇郡小国町と台北市士林区の友好都市としての提携のきっかけは、一九八八年に、民間団体の小国国際交流会と士林区にある私立中国文化大学との交流をきっかけに、その後も長く草の根レベルの交流を続けていた。小国国際交流会は、士林区にある私立中国文化大学の大学生をこれまで三十六年間、ホームステイで受け入れている。その後、台北駐福岡経済文化弁事処の仲介もあって、両自治体が二〇二三年からリモート形式で交流を開始した。二〇二三年八月には小国町の渡邉町長が訪問団を率いて士林区を訪れて友好交流を続けていた。

覚書調印式は、二〇二四年二月二十七日、台湾の士林区で開催され、小国町からは・渡邉誠次町長や教育委員長、小国町役場の関係者、議会の正副議長、議員の訪問団十九名で士林区を訪れている。熊本県阿蘇郡小国町の渡邉誠次町長と台北市士林区の洪進達区長は、文化、教育、経済等で交流や協力を深めることで一致し、友好交流協力に関する覚書に調印した。

友好交流協力に関する覚書の内容は、「民間交流や教育、観光、文化、芸術など幅広い分野で交流し、関連事業への協力に努める」というものである。

覚書調印後、小国町の訪問団は、台北表演芸術中心（台北パフォーミングアーツセンター）や慈誠宮、陽明山などを見学して、文化や産業などの分野について、士林区の関係者と意見交換を行った。

自治体142　熊本県上天草市＝新北市瑞芳区　二〇二四年四月十五日

熊本県上天草市と新北市瑞芳区との「友好交流協定」の提携のきっかけは、上天草市には「猫の島」の愛称を持つ湯島があり、瑞芳区には「猫村」として知られる猴硐（ホウトン）という野良猫が多く集まるため村があり、それぞれ〝ネコとの共生〟という共通点がある。

日本の「湯島」は、島に住む人々より猫の数が多いとして、猫たちがのんびり暮らす離島として有名である。二〇二四年一月には、台北駐大阪経済文化弁事処福岡分処の仲介によってオンライン交流を実施した。ネコを切り口にした地域PRの経験を互いに紹介し、交流を深めていくことで一致した。相互に協力し合うとともに、関係の緊密化を図ることに期待した。

二〇二四年四月十五日、熊本県上天草市と台湾の新北市瑞芳区は、「友好交流協定」を締結した。協定書の内容は、相互に交流や学習を促進すると同時に、台湾と日本の地方交流をさらに緊密にすることで、観光、文化、建設、教育などの分野でお互いの優れた部分を学び合っていきたいというものであった。

友好交流協定の調印式は、台湾の新北市内で開催され、堀江隆臣・上天草市長と楊勝閔・瑞芳区長が友好交流協定書に署名した。会場には、新北市の柯慶忠副秘書長が出席し、調印に立ち会っている。

調印式終了後、堀江市長は区側の案内の下、瑞芳を代表する観光名所の象鼻岩や九份などを訪れた。

堀江隆臣上・天草市長は、観光やレジャー資源を広めて発展させていく上で、両区市間にはネコの他にも漁港やサイクリングなど類似点が多くある、これからの交流を深めていくことに期待を寄せた。

楊勝閔・瑞芳区長は、上天草市との協定締結を喜び、双方がこれからも相互交流や学習を促進すると同時に、台湾と日本の地方交流をさらに緊密にしていけるよう期待を寄せた。また、日本の外務省の台湾花蓮地震に対する支援にも感謝し、日本の人々の心温まる思いやりは、台湾の人々を深く感動させたと述べた。

新北市の柯慶忠副秘書長は、瑞芳区と上天草市の「友好交流協定」締結はスタートにすぎず、これから双方の交流が一層進み、同時に新北市の国際交流の成果をさらに前進させることになると期待を寄せた。

自治体143　長崎県平戸市＝台南市　二〇二四年四月二十九日

長崎県平戸市と台南市の交流都市締結の経緯は、平戸市民と台南市民は、歴史上の偉人である「鄭成功」

ゆかりの地という縁で、双方が尊敬しあい友好な関係を築いてきた。鄭成功は、海商で平戸を根拠地として活動した鄭芝龍と、平戸川内の田川マツを母に一六二四年七月十四日、平戸で生まれた。平戸市の千里ヶ浜は、鄭成功出生の地といわれ、その場所には、鄭成功記念館や鄭成功児誕生石がある。

二〇一三年七月十三日には、台南市との交流を促進する平戸市民の会と台南市台日友好交流協会との間で、相互の理解と信頼を一層深め、両地域の繁栄と更なる交流を促進するため「平戸市民・台南市民交流促進協定」を締結している。その流れもあって、二〇二四年四月二十九日、長崎県平戸市と台南市との自治体間で「友好交流協定」を締結している。

友好交流協定の締結式は、台湾の台南市で開催され、長崎県平戸市の黒田成彦市長や市議会の池田稔巳副議長など六名が台南市を訪問し、台南市側は、黄偉哲市長、台南市政府広報及び国際関係処の蘇恩恩処長、文化局の謝仕淵局長らとともに締結式に臨み、黒田成彦・平戸市長と黄偉哲・台南市長が「友好交流協定」に調印した。友好交流協定の内容は、両市の友情の歴史をふまえ、今後、文化やスポーツ、青少年教育などの分野で交流を促進するというものである。

平戸市の黒田市長は「偉大な英雄である鄭成功は平戸市で生まれ、台南と平戸市は歴史的に特別な縁によって交流を続けてきた。今年は鄭成功生誕四百年に当たり、この記念すべき年に友好交流協定を締結することができたのは非常に意義深い。将来的に両市の友好がさらに深まることを期待する」と述べた。

台南市の黄偉哲市長は、「平戸市は鄭成功の出生地、台南と平戸市は鄭成功によって縁が結ばれ、双方はこれまで友好的で密接な関係を続けてきた。今後は文化、教育、スポーツなど各方面で幅広く交流し、さらに友好的な関係を構築したい」と期待した。

自治体144　茨城県那珂市＝台南市　二〇二四年五月六日

茨城県那珂市と台南市との友好交流都市としての提携のきっかけは、母親が那珂市出身の旧日本兵、杉浦茂峰が台南市の飛虎将軍廟に祭られていることが縁で「友好交流協定」を結ぶ運びとなった。那珂市は、台南市安南区にある「飛虎将軍廟」の主神、杉浦茂峰の母親の出生地であることから、定期的に台湾を訪れて参拝と交流を行ってきた。

その流れもあって、二〇二三年十月にも那珂市の先崎市長は、台南市を訪れ、黄市長と面談し、友好交流協定締結の推進で話し合いを詰めていた。また、先崎市長はかねてから台北駐日経済文化代表処の謝長廷代表に対し、台南市との友好都市協定を希望していることを伝えていた。

二〇二四年五月六日、茨城県那珂市と台南市は、飛虎将軍が導いた友好の証として、「友好交流協定」を締結した。これで、正式に友好都市となった。友好交流協定の調印式は、台南市で開催され、会場となった台南市政府永華市政センターで、那珂市議会の木野広宣議長と、台南市新聞及国際関係処の蘇恩恩処長が同席して、先崎光・那珂市長と黄偉哲・台南市長が友好交流協定書に調印している。友好交流協定の内容は、「文化、教育、スポーツ及び滞在などの幅広い分野における交流を通じて、両市の発展、国際交流の推進を図るとともに、それぞれの資源を有効かつ最大限に活用し、地域経済の発展につなげることを目的」としたものである。

那珂市の先崎光市長は「今回の締結は、両都市にとって極めて意義深い。今後は、教育、文化、経済の分野で実質的な交流が展開されるものと期待する」とした。また、先崎市長は、二〇二四年二月には、台南市の招待で台湾ランタンフェスティバルに出席していて、「さまざまなランタンを拝見し、非常に感動した。

あらためて、台南市政府に感謝したい」とも述べた。

台南市の黄偉哲市長は「台南は、飛虎将軍の善意を非常に大事にし、廟を建てて祭祀を行ってきた。この縁が両市の交流と友好を導いた。将来的には、農業、教育、スポーツ、相互訪問などで交流し、互いの結び付きをさらに深め、両市の友好を深化させたい」と期待を寄せた。また、先崎光那珂市長の長年にわたる相互交流への支持に感謝を示し、七月末に台南で台湾と日本の交流促進を目指して行われる日台交流サミットに、那珂市議の参加を呼びかけた。

自治体145　北海道雨竜郡沼田町＝花蓮県瑞穂郷　二〇二四年六月二十日

二〇二四年六月二十日、北海道沼田町と台湾東部の花蓮県瑞穂郷は「友好交流協定」を締結した。締結式は、オンラインで行われ、北海道沼田町の横山茂・町長と花蓮県瑞穂郷の呉萬徳・郷長が「友好交流協定書」に調印した。台北駐日経済文化代表処の謝長廷代表はオンラインで立ち合い、台北駐日経済文化代表処札幌分処の粘信士処長は、沼田町の締結会場で、横山茂・町長の隣で立ち合い締結を見守った。

友好交流協定の内容は、自然豊かな地域で、良質な米や畑作物などの産地などの共通がある瑞穂郷と地域資源や文化、伝統芸能をより深く理解し、お互いの発展に向けた連携や日台青少年交流を促進することなどを目的としている。

横山茂・沼田町長は、雪国体験や夜高あんどん祭りなどの伝統芸能、未来を担う青少年交流を進めていきたいと期待を寄せた。

自治体146　大分県九重町＝花蓮県豊浜郷　二〇二四年六月二十六日

二〇二四年六月二十六日、大分県九重町と花蓮県豊浜郷は、交流人口の拡大などを目的とした相互の「豊浜郷と九重町との連携・協力に関する覚書」を締結した。

両自治体の友好交流が進んだきっかけは、台北駐大阪経済文化弁事処福岡分処の陳銘俊処長（総領事に相当）が両自治体の間を取り持って締結する運びとなった。二〇二三年、台北駐福岡経済文化弁事処が福岡市内で開催した双十国慶節祝賀レセプションで、弁事処の紹介を受けて、日野町長と邱郷長は初めて出会った。そこで、双方は、共通の価値観の下、ともに発展・繁栄し、特に観光や農業などの分野で良い関係を築きたいと会談している。

その後、二〇二三年十二月十三日に、九重町の日野康志町長が豊浜郷の歴史、文化、自然環境などへの理解を深めるため、豊浜郷を訪問している。その際に、豊浜郷の邱福順郷長や郷公所（役場）の職員らから歓迎を受け、協定締結に向けた具体的な話し合いとなった。このとき、邱郷長は、九重町には「九重〝夢〟温泉郷」と総称される温泉郷が多数あり、高さ一七三メートル、全長三九〇メートルの日本一の高さを誇る「九重〝夢〟大吊橋」などもあるとして、豊浜郷としても参考にする価値があると述べている。

連携・協力に関する覚書の締結式は、大分県九重町で開催され、台湾の花蓮県豊浜郷から豊浜郷長ら七名の訪問団が九重町を訪れ、日野康志・九重町長と邱福順・豊浜郷長が「連携・協力に関する覚書」に調印をしている。覚書の内容は、文化、芸術、経済などの分野で交流や協力を深めるというものである。

日野町長は「九重町と豊浜郷は環境が似ている。様々な分野で交流を深めていきたい」と期待を寄せた。邱郷長は「農業や観光など九重町から学びたい。日本から多くの方に豊浜郷へ訪れてほしい」と述べた。そして、新型コロナウイルスによる渡航制限の解除後、台日交流は以前に増して盛んになったと強調し、豊浜の海岸の絶景をより多くの日本の人々に紹介したいと述べている。

日台における自治体の姉妹友好都市一覧（地域別）

日本側自治体	台湾側自治体	提携形態	提携年月日
【北海道地方】			
北海道旭川市	彰化県	国際交流協定	二〇〇八年九月三日
北海道津別町	彰化県二水郷	友好都市	二〇一二年十月八日
北海道大樹町	高雄市大樹区	友好交流協定	二〇一五年九月一日
北海道白老町	花蓮県秀林郷	友好交流推進協定	二〇二二年八月三日
北海道浦河町	花蓮県新城郷	友好交流協定	二〇二二年八月十日
北海道釧路市	花蓮市	友好交流協定	二〇二二年八月三十一日
北海道厚沢部町	花蓮県寿豊郷	友好交流協定	二〇二三年三月三十一日
北海道余市町	彰化市	友好交流に関する覚書	二〇二三年五月十八日
北海道余市町	宜蘭県員山郷	友好交流協定	二〇二三年五月十九日
北海道釧路町	花蓮県吉安郷	友好交流協定	二〇二三年十一月二十二日
北海道稚内市	屏東県恒春鎮	友好交流協定	二〇二三年十一月二十八日
北海道雨竜郡沼田町	花蓮県瑞穂郷	友好交流協定	二〇二四年六月二十日

【東北地方】

青森県大間町	雲林県虎尾鎮	姉妹町	一九七九年十月十日
福島県玉川村	南投県鹿谷郷	友好都市	一九八八年五月三日
秋田県上小阿仁村	屏東県萬巒郷	姉妹都市	一九九一年十月三日
秋田県美郷町	花蓮県瑞穂郷	友好町郷	二〇〇一年七月九日
宮城県仙台市	台南市	交流促進都市	二〇〇六年一月二十日
青森県青森市	新竹県	友好交流協定	二〇一四年十月十七日
宮城県栗原市	南投市	国際友好交流協定	二〇一六年三月十四日
山形県	高雄市	友好協力覚書	二〇一六年五月十八日
山形県	宜蘭県	友好交流協定	二〇一六年八月二十四日
秋田県	高雄市	国際交流協力覚書	二〇一六年八月二十五日
青森県・平川市	台中市	友好交流協定	二〇一六年十二月十四日
青森県・弘前市	台南市	友好交流協定	二〇一七年十二月四日
山形県山形市	台南市	友好交流協定	二〇一七年十二月六日
山形県	台中市	友好協力に関する覚書	二〇一八年五月二十九日
岩手県盛岡市	花蓮市	友好都市協定	二〇一九年十一月二十四日
宮城県栗原市	南投市	姉妹都市	二〇二〇年十一月二十三日
山形県新庄市	南投県草屯鎮	国際友好交流協定	二〇二三年九月二十日

【関東地方】

群馬県上野村	苗栗県卓蘭鎮	姉妹都市	一九八九年十月二十八日
神奈川県横浜市	台北市	パートナー都市	二〇〇六年五月二十二日
東京都八王子市	高雄市	友好交流協定	二〇〇六年十一月一日
栃木県日光市	台南市	観光友好都市	二〇〇九年一月十六日
群馬県	彰化県	友好協力協定	二〇一二年十二月十七日
群馬県	台中市	友好交流協定	二〇一二年十二月十八日
群馬県	高雄市	友好協力協定	二〇一三年三月四日
群馬県みなかみ町	台南市	友好都市	二〇一三年十二月十三日
群馬県渋川市	彰化県社頭郷	友好協力協定	二〇一四年十一月七日
群馬県渋川市	彰化県員林市	観光・教育旅行協定	二〇一五年四月十六日
群馬県	彰化県	経済友好協力協定	二〇一五年九月十四日
群馬県桐生市	雲林県	友好連携協定	二〇一五年十月二十二日
群馬県片品村	彰化県永靖郷	友好交流覚書	二〇一六年四月二十一日
千葉県	桃園市	友好交流協定	二〇一六年八月九日
千葉県成田市	桃園市	友好都市協定	二〇一六年九月十六日
千葉県富里市	苗栗県頭份市	友好都市協定	二〇一七年四月十七日
栃木県	高雄市	経済教育友好交流覚書	二〇一七年二月十七日
千葉県銚子市	桃園市	友好交流協定	二〇二二年七月十一日

茨城県土浦市	台南市	友好交流協定	二〇二三年四月七日
茨城県笠間市	台北市	交流推進協定	二〇二三年十一月二十四日
群馬県館林市	雲林県	交流推進覚書	二〇二三年十一月二十七日
茨城県那珂市	台南市	友好交流協定	二〇二四年五月六日
【中部地方】			
福井県美浜町	新北市石門区	姉妹都市	一九八八年八月十日
静岡県清水町	苗栗県苗栗市	友好都市	二〇〇三年十二月十五日
長野県	高雄市	教育観光覚書	二〇一二年十一月一日
岐阜県美濃市	高雄市美濃区	友好交流協定	二〇一二年十一月二十九日
長野県松川村	彰化県鹿港鎮	友好都市	二〇一二年六月十二日
静岡県浜松市	台北市	観光交流都市	二〇一二年七月三十一日
石川県加賀市	台南市	友好都市	二〇一四年七月七日
石川県加賀市	高雄市	観光交流協定	二〇一四年七月八日
石川県加賀市	高雄市鼓山区	友好交流協定	二〇一四年七月八日
長野県松本市	高雄市	健康・福祉・教育交流覚書	二〇一五年七月十四日
長野県	彰化県	観光・教育交流協力に関する覚書	二〇一五年九月十五日
静岡県西伊豆町	澎湖県	友好交流提携	二〇一五年十一月一日
石川県加賀市	桃園市	友好都市	二〇一六年五月十九日
静岡県富士宮市	台南市	友好交流都市協定都市	二〇一七年六月二十四日

石川県内灘町	竹北市	友好交流に関する基本合意書	二〇一七年九月十一日
石川県小松市	彰化市	友好交流協定	二〇一七年十月十日
岐阜県飛騨市	嘉義県新港郷	友好交流協定	二〇一七年十月十三日
山梨県	高雄市	観光交流覚書	二〇一八年三月二日
福井県南越前町	台南市白河区	友好交流協定	二〇一八年五月二十六日
愛知県名古屋市	台中市	観光友好都市覚書	二〇一八年十一月二日
長野県・駒ヶ根市	台中市	観光・教育交流に関する覚書	二〇一八年十一月四日
富山県射水市	台北市士林区	友好交流協力に関する覚書	二〇一九年七月九日
愛知県名古屋市	台中市	観光分野におけるパートナー都市協定	二〇一九年十月二十五日
富山県氷見市	高雄市鼓山区	友好交流都市協定	二〇二〇年十二月五日
静岡市	台北市	交流に関する覚書	二〇二一年十一月二十四日
福井県おおい町	新北市淡水区	友好交流都市覚書	二〇二三年七月六日
佐渡市	高雄市	友好交流協定	二〇二三年七月二十二日
静岡県静岡市	台北市	都市間交流に関する覚書	二〇二三年十二月十八日
【近畿地方】			
三重県	新北市	観光交流協力協定	二〇一三年十月二十一日
滋賀県	台南市	産業経済観光覚書	二〇一三年十二月十九日
大阪府松原市	台北市文山区	友好都市協定	二〇一四年九月十一日
三重県伊賀市・志摩市	台東県	自治体間連携覚書	二〇一六年一月二十一日

三重県	高雄市	産業・観光交流促進覚書	二〇一六年一月二十二日
三重県	台中市	国際交流促進協定	二〇一七年二月十日
和歌山県和歌山市	台北市	交流促進覚書	二〇一七年五月二十日
京都市	台南市	交流推進協定	二〇二一年六月三十日
京都市	高雄市	高雄協定	二〇二一年九月十日
【中国地方】			
岡山県岡山市	新竹市	友好交流協定	二〇〇二年四月二十一日
鳥取県三朝町	台中県石岡区	交流促進協定	二〇〇七年三月六日
鳥取県北栄町	台中県大肚区	友好交流協定	二〇一〇年七月二十七日
島根県松江市	台北市	交流促進覚書	二〇一四年七月二十五日
山口県萩市	台北市士林区	友好交流覚書	二〇一六年十月三日
広島県尾道市	嘉義市	友好交流協定	二〇一六年十二月二十二日
広島県呉市	基隆市	姉妹都市提携	二〇一七年四月二十八日
広島県尾道市	台中市	友好交流覚書	二〇一七年九月二十九日
鳥取県	台中市	観光交流協定	二〇一七年十月二十三日
鳥取県	台中市	友好交流協定	二〇一八年十一月二日
山口県議会	台南市議会	友好交流に関する覚書	二〇二一年五月二十日
鳥取県若桜町	新竹県横山郷	友好交流協定	二〇二一年十二月二十一日
鳥取県米子市	台北市	交流促進覚書	二〇二一年十月二十日

島根県松江市	台北市	交流促進覚書	二〇二二年十月二十日
島根県出雲市	台北市	交流促進覚書	二〇二二年十月二十日
島根県境港市	台北市	交流促進覚書	二〇二二年十月二十日
島根県安来市	台北市	交流促進覚書	二〇二二年十月二十日
島根県安来市	新北市新店区	友好交流都市覚書	二〇二三年二月七日
山口県	台南市	友好交流に関する覚書	二〇二三年七月十五日
【四国地方】			
徳島県牟岐町	彰化県埔塩郷	姉妹郷町	一九八三年七月二十二日
愛媛県松山市	台北市	友好交流協定	二〇一四年十月十三日
愛媛県	台北市	国際交流促進覚書	二〇一六年五月十八日
香川県	桃園市	友好交流協定	二〇一六年七月十八日
香川県高松市	基隆市	交流協定	二〇一七年五月一日
愛媛県	台中市	友好交流覚書	二〇一七年六月一日
香川県琴平町	新北市瑞芳区	友好交流協定	二〇一八年五月三十一日
徳島県徳島市	花蓮県吉安郷	友好交流協定	二〇一九年一月十七日
愛媛県	嘉義県嘉義市	交流促進覚書	二〇二三年十月五日
【九州・沖縄地方】			
沖縄県与那国町	花蓮県花蓮市	姉妹都市	一九八二年十月八日
沖縄県石垣市	宜蘭県蘇澳鎮	姉妹都市	一九九五年九月二十六日

沖縄県宮古島市	基隆市	姉妹都市	二〇〇七年六月二十八日
熊本県・熊本市	高雄市	経済交流に関する覚書	二〇一三年九月九日
大分県	台中市	観光友好交流連携に関する協定書	二〇一五年十一月二十七日
大分県	台中市	友好交流覚書	二〇一六年九月八日
熊本県・熊本市	高雄市	国際交流促進覚書	二〇一七年一月十一日
大分県竹田市	高雄市田寮区	観光文化友好交流協定	二〇一七年一月十三日
福岡県福岡市	台北市	スタートアップの海外展開支援に関する覚書	二〇一七年二月八日
大分県中津市	台中市	観光交流協定	二〇一七年二月九日
宮崎県	新竹県	交流協定	二〇一七年二月二十一日
鹿児島県出水市	南投県埔里鎮	姉妹都市盟約協定	二〇一七年五月三十一日
宮崎県	桃園市	友好交流協定	二〇一七年十月五日
熊本県八代市	基隆市	友好交流協定	二〇一八年四月十九日
鹿児島県阿久根市	台南市善化区	友好交流協定	二〇一八年四月二十七日
宮崎県西都市	宜蘭県羅東鎮	姉妹都市盟約	二〇一八年七月三十日
宮崎県高千穂町	花蓮市	姉妹都市盟約	二〇一九年十月八日
宮城県栗原市	南投市	姉妹都市	二〇二〇年十一月二十三日
熊本県南阿蘇村	屏東県東港鎮	国際交流の促進に関する覚書	二〇二一年十月二十七日
大分県玖珠町	彰化市	友好交流協定	二〇二一年十一月二日

熊本県益城町	台中市大甲区	友好交流協定	二〇二三年一月九日
鹿児島県南さつま市	高雄市旗津区	友好交流協議	二〇二三年一月三十一日
鹿児島県曽於市	屏東県里港郷	国際交流促進に関する覚書	二〇二三年五月十六日
熊本県菊陽町	新竹県宝山郷	友好交流協定	二〇二三年七月十八日
鹿児島県	屏東県	交流協定覚書	二〇二四年一月二十二日
鹿児島県伊佐市	花蓮県花蓮市	友好交流協定	二〇二四年一月三十一日
熊本県阿蘇郡小国町	台北市士林区	友好交流協力に関する覚書	二〇二四年二月二十七日
熊本県上天草市	新北市瑞芳区	友好交流協定	二〇二四年四月十五日
長崎県平戸市	台南市	友好交流協定	二〇二四年四月二十九日
大分県九重町	花蓮県豊浜郷	豊浜郷と九重町との連携・協力に関する覚書	二〇二四年六月二十六日

日台関係研究会関連書籍

中村勝範編著『運命共同体としての日本と台湾』展転社、一九九七年、三八二頁、二〇〇〇円
中村勝範編著『運命共同体としての日米そして台湾』展転社、一九九八年、二九四頁、一八〇〇円
浅野和生著『君は台湾のたくましさを知っているか』廣済堂出版、二〇〇〇年、二三〇頁、一三九〇円
中村勝範、楊合義、浅野和生『日米同盟と台湾』、早稲田出版、二〇〇三年、二六二頁、一七〇〇円
中村勝範、涂照彦、浅野和生『アジア太平洋における台湾の位置』早稲田出版、二〇〇四年、二五四頁、一七〇〇円
中村勝範、黄昭堂、徳岡仁、浅野和生『続・運命共同体としての日本と台湾』早稲田出版、二〇〇五年、二三八頁、一七〇〇円
中村勝範、楊合義、浅野和生『東アジア新冷戦と台湾』早稲田出版、二〇〇六年、二二二頁、一六〇〇円
中村勝範、楊合義、浅野和生『激変するアジア政治地図と日台の絆』早稲田出版、二〇〇七年、二一三頁、一六〇〇円
中村勝範、呉春宜、楊合義、浅野和生『馬英九政権の台湾と東アジア』早稲田出版、二〇〇八年、二五四頁、一六〇〇円

浅野和生著『台湾の歴史と日台関係』早稲田出版、二〇一〇年、二二三頁、一六〇〇円
日台関係研究会編『辛亥革命１００年と日本』早稲田出版、二〇一一年、二八七頁、一五〇〇円
浅野和生、加地直紀、松本一輝、山形勝義、渡邉耕治『日台関係と日中関係』展転社、二〇一二年、二一五頁、一六〇〇円
浅野和生、加地直紀、松本一輝、山形勝義、渡邉耕治『台湾民主化のかたち』展転社、二〇一三年、二一二頁、一六〇〇円
浅野和生、加地直紀、渡辺耕治、新井雄、松本一輝、山形勝義『日台関係研究会叢書１　中華民国の台湾化と中国』展転社、二〇一四年、二三二頁、一六〇〇円
浅野和生、松本一輝、加地直紀、山形勝義、渡邉耕治、『日台関係研究会叢書２　一八九五―一九四五　日本統治下の台湾』展転社、二〇一五年、二四八頁、一七〇〇円
浅野和生、渡邉耕治、加地直紀、松本一輝、山形勝義『日台関係研究会叢書３　民進党三十年と蔡英文政権』展転社、二〇一六年、二四八頁、一七〇〇円
浅野和生、渡邉耕治、山形勝義、松本一輝、加地直紀『日台関係研究会叢書４　日台関係を繋いだ台湾の人びと』展転社、二〇一七年、二五〇頁、一七〇〇円
楊合義『決定版　台湾の変遷史』展転社、二〇一八年、一六〇〇円
浅野和生、松本一輝、加地直紀、山形勝義『日台関係研究会叢書５　日台関係を繋いだ台湾の人びと２』展転社、二〇一八年、二四六頁、一七〇〇円

浅野和生、松本一輝、山形勝義、吉田龍太郎『日台関係研究会叢書6　台湾の民主化と政権交代』展転社、二〇一九年、二四八頁、一七〇〇円

浅野和生、渡辺耕治、山形勝義、新井雄、松本一輝『日台関係研究会叢書7　日台運命共同体』展転社、二〇二〇年、三〇四頁、一九〇〇円

浅野和生、渡辺耕治、山形勝義、新井雄、松本一輝『日台関係研究会叢書8　台湾と日米同盟』展転社、二〇二一年、二六〇頁、一七〇〇円

浅野和生、野澤基恭、山形勝義、松本一輝『日台関係研究会叢書9　「国交」を超える絆の構築』展転社、二〇二二年、二四〇頁、一七〇〇円

浅野和生、漆畑春彦、松本一輝、野澤基恭、山形勝義、『日台関係研究会叢書10　台湾の経済発展と日本』展転社、二〇二三年、二五六頁、一七〇〇円

【執筆者略歴】

酒井正文（さかい　まさふみ）
昭和 24 年、静岡県生まれ。 慶應義塾大学大学院法学研究科修士課程修了。中部女子短期大学助教授、杏林大学教授、平成国際大学教授を経て同名誉教授。平成 16 年～ 24 年まで法学部長。 日本政治学会、日本選挙学会、日本法政学会理事を歴任。
〔主要著作〕『主要国政治システム概論』（共著、慶應義塾大学出版会）『満州事変の衝撃』（共著、勁草書房）『大麻唯男』（共著、財団法人櫻田会）『帝大新人会研究』（共著、慶應義塾大学出版会）など。

渡邉耕治（わたなべ　こうじ）
昭和 53 年、神奈川県生まれ。平成 13 年平成国際大学法学部卒、平成 15 年平成国際大学大学院法学研究科修士課程修了。現在、国立台湾師範大学歴史学系博士課程。
（主要著作）「戦後台湾国際関係史」（『辛亥革命 100 年と日本』早稲田出版）、「日台関係における相互認識の変化」（『日台関係と日中関係』展転社）、「台湾帰属問題と日本」（『平成法政研究』第 16 巻第 1 号）、「中台関係二十五年の回顧―政治・経済関係を中心に」（『台湾民主化のかたち』展転社）、「馬英九政権の対中政策」（『中華民国の台湾化と中国』展転社）、「中華民国による台湾接収の経過」（『一八九五――九四五 日本統治下の台湾』展転社）、「戒厳体制下における党外活動と民進党の結成」（『民進党三十年と蔡英文政権』展転社）、「辜振甫と日台関係」（『日台関係を繋いだ台湾の人びと』展転社）、「戦後初期の日台関係」（『日台運命共同体』）、「戦後米台関係の変遷」（『台湾と日米同盟』展転社）。

野澤基恭（のざわ　もとやす）
昭和 35 年、愛知県生まれ。亜細亜大学大学院法学研究科博士課程単位取得。鈴峯女子短期大学助教授、平成国際大学法学部教授を経て東京国際大学国際関係学部教授。日本法政学会理事、憲法学会理事。
［主要論文］「国際社会における法定立」（亜細亜法学、第 31 巻 2 号）、「尖閣諸島を考える国際法上の視点」（法政論叢 50 巻 1 号）、“Issues Surrounding the South China Sea dispute” (Japanese Society And Culture 2021.No.3)、「台湾と自決権」（『「国交」を超えた絆の構築』）、「台湾と国際機構の関係について」（『台湾の経済発展と日本』）。

漆畑春彦（うるしばた　はるひこ）
昭和 37 年 静岡県生まれ。昭和 60 年 慶應義塾大学経済学部卒業　平成 27 年 埼玉大学経済科学研究科博士後期課程修了（経済学博士）
昭和 60 年株式会社三井銀行（現三井住友銀行）入行。その後、日興リサーチセンター企画調査部（主任研究員）、野村総合研究所資本市場研究部（上級研究員）、みずほ証券経営企画グループ経営調査部（上級研究員）を経て、平成 24 年 平成国際大学法学部教授。証券経済学会会員、日本証券アナリスト協会検定会員。
（主要著作）『金融大改革のすべて』（共著、東洋経済新報社）『投資銀行の戦略メカニズム』（共著、清文社）『金融システム改革と証券業』（共著、公益財団法人日本証券経済研究所）『ヨーロッパの証券市場』（共著、公益財団法人日本証券経済研究所）『イギリスの証券市場』（共著、公益財団法人日本証券経済研究所）『資本市場の変貌と証券ビジネス』（共著、公益財団法人日本証券経済研究所）

松本一輝（まつもと　かずてる）
昭和54年、東京都生まれ。平成15年平成国際大学法学部卒、同17年平成国際大学大学院法学研究科修士課程修了、現在　日台関係研究会事務局。日本選挙学会、日本法政学会会員。
(主要著作)
「半導体産業の巨星・台湾ＴＳＭＣ」(『台湾の経済発展と日本』)、「オードリー・タンが拓くデジタル国家・台湾」(『「国交」を超えた絆の構築』)、「尖閣諸島をめぐる日米中台関係」(『台湾と日米同盟』)、「大地震に際しての日台相互支援」(『日台運命共同体』)、「台湾における選挙の歴史—民主化と政権交代の経過」(『台湾の民主化と政権交代』)、「戦後の日台関係と林金莖」(『日台関係を繋いだ台湾の人びと２』)、「許世楷駐日代表と日台関係の発展」(『日台関係を繋いだ台湾の人びと』)、「民進党の三十年と立法委員選挙」(『民進党三十年と蔡英文政権』)、「日本の台湾領有と憲法問題」(『一八九五—一九四五日本統治下の台湾』)、「六大都市選挙に見る『中華民国の台湾化』」(『中華民国の台湾化と中国』)、「台湾の民主化と各種選挙の実施」(『台湾民主化のかたち』)、「中華民国の戦後史と台中、日台関係」(『日台関係と日中関係』)、「労働党ブレア政権の貴族院改革」(『平成法政研究』　第14巻第1号)、「オリンピック開催地決定の経過と政治の役割」(『平成法政研究』　第12巻第1号)。

山形勝義（やまがた　かつよし）
昭和55年、茨城県生まれ。平成15年国士舘大学政経学部卒業、同17年平成国際大学大学院法学研究科修士課程修了、同23年東洋大学大学院法学研究科博士課程単位取得満期退学。現在、東洋大学アジア文化研究所客員研究員。日本政治学会、日本法政学会、日本選挙学会、日本地方自治研究学会、日本地方自治学会会員。
(主要著作)「続・日台における自治体の姉妹友好都市交流」(『台湾の経済発展と日本』)、「日台における自治体の姉妹友好都市交流」(『「国交」を超えた絆の構築』)、「『武漢肺炎』を封じ込めた台湾と蔓延を許した日本—二〇二〇年一月から五月の感染症対策の実態」(『台湾と日米同盟』)、「周鴻慶事件による日華断交の危機と関係修復—一九六〇年代の日台関係の課題」(『日台運命共同体』)、「中華民国の台湾化—「省」の廃止と六大都市の設置」(『台湾の民主化と政権交代』)、「国連職員から駐日代表へ—羅福全の半生と日台関係」(『日台関係を繋いだ台湾の人びと２』)、「台湾経済の世界化を担った江丙坤」(『日台関係を繋いだ台湾の人びと』)、「陳水扁政権期の「公民投票」の実現—民主化の一里塚としての国民投票—」(『民進党三十年と蔡英文政権』)、「日本統治下の台湾における地方行政制度の変遷」(『一八九五—一九四五 日本統治下の台湾』)、「中華民国の地方自治と中央政府直轄市」(『台湾民主化のかたち』)、「中華民国における五権憲法の実態—中国から台湾へ・監察院の制度と組織—」(『日台関係と日中関係』)「アジア諸国における権威主義体制の崩壊と情報公開システムの形成—韓国・タイ・台湾を事例に—」(『法政論叢』)、ほか。

浅野和生（あさの　かずお）

昭和34年、東京都生まれ。昭和57年慶應義塾大学経済学部卒業、同63年慶應義塾大学大学院法学研究科博士課程修了、法学博士。昭和61年中部女子短期大学専任講師、平成2年関東学園法学部専任講師、後、助教授、同8年平成国際大学法学部助教授を経て、同15年より教授。日本法政学会理事、日本地方政治学会理事、日本地域政治学会代表。

【著書】

『大正デモクラシーと陸軍』（慶應義塾大学出版会）『君は台湾のたくましさを知っているか』（廣済堂出版）『台湾の歴史と日台関係』（早稲田出版）『親台論』（ごま書房新社）

【共著書】

『「国交」を超えた絆の構築』「台湾と日米同盟」『日台運命共同体』『台湾の民主化と政権交代』『日台関係を繋いだ台湾の人びと2』『日台関係を繋いだ台湾の人びと』『民進党三十年と蔡英文政権』『一八九五―一九四五 日本統治下の台湾』『中華民国の台湾化と中国』『台湾民主化のかたち』『日台関係と日中関係』『運命共同体としての日本と台湾』（以上、展転社）『日米同盟と台湾』『アジア太平洋における台湾の位置』『続・運命共同体としての日本と台湾』『東アジア新冷戦と台湾』『激変するアジア政治地図と日台の絆』『馬英九政権の台湾と東アジア』（以上、早稲田出版）

日台関係研究会叢書11

中台関係の展開と「一つの中国」

令和六年十二月二十五日　第一刷発行

編　者　浅野　和生
発行人　荒岩　宏奨
発　行　展　転　社

〒101-0051 東京都千代田区神田神保町2-46-402
TEL　〇三（五三一四）九四七〇
FAX　〇三（五三一四）九四八〇
振替〇〇一四〇―六―七九九九二

印刷製本　中央精版印刷

ISBN978-4-88656-585-3

てんでんBOOKS

[表示価格は本体価格（税込）です]

台湾の経済発展と日本　浅野和生

●世界有数の科学技術先進国へと発展するまでの軌跡を振り返るとともに、台湾と日本との関係をたどる。　１８７０円

「国交」を超える絆の構築　浅野和生

●非政府間交流を開始してから五十年、日台両国は「国交」を超える信頼と相互支援の関係を構築した。　１８７０円

台湾と日米同盟　浅野和生

●インド太平洋地域を自由と繁栄の海にするため日米台の三国は協力して中国の台頭を押しとどめなければならない。　１８７０円

日台運命共同体　浅野和生

●運命共同体である日台関係を深化させ、日台の安全保障協力の強化を図ることがきわめて重要である。　２０９０円

日台を繋いだ台湾人学者の半生　楊合義

●政治大学国際関係研究センターの駐日特派員として日本に派遣され、日台関係の紐帯に尽力した著書の半生を描く。　３０８０円

決定版 台湾の変遷史　楊合義

●「先史時代から現代まで、中国とは別の台湾人の苦難と栄光の歴史が凝縮されている」謝長廷推薦。　１７６０円

台湾「白色テロ」の時代　龔昭勲

●戒厳令下の台湾で吹き荒れた白色テロの嵐。違法逮捕され、十年の懲役判決を受けた医師・蘇友鵬の生涯を追う。　１７６０円

志は日台の空高く　真島久美子

●今や定着した高層ビル、バリアフリー。日本建築を大きく飛躍させた台湾人技術者の林永全・玉子夫妻と郭茂林。　１８７０円